Muito Mais
VENDAS

… Grant Leboff

Muito Mais
VENDAS

*M.*BOOKS

M.Books do Brasil Editora Ltda.

Rua Jorge Americano, 61 - Alto da Lapa
05083-130 - São Paulo - SP - Telefones: (11) 3645-0409/(11) 3645-0410
Fax: (11) 3832-0335 - e-mail: vendas@mbooks.com.br
www.mbooks.com.br

Dados de Catalogação da Publicação

Leboff, Grant – Muito Mais Vendas
2012 – São Paulo – M.Books do Brasil Editora Ltda.

1. Vendas   2. Administração

ISBN 978-85-7680-180-1

Do original: Sales Therapy – Effective selling for the small business owner
ISBN: 978-1-841-12778-1

© 2007 Grant Leboff
© 2012 M.Books do Brasil Editora Ltda.
Sales Therapy® é uma marca registrada do autor.

Editor
Milton Mira de Assumpção Filho

Tradução
Ariovaldo Griesi

Produção Editorial
Beatriz Simões Araújo

Coordenação Gráfica
Silas Camargo

Editoração e Capa
Crontec

2012
M.Books do Brasil Editora Ltda.
Proibida a reprodução total ou parcial.
Os infratores serão punidos na forma da lei.
Direitos exclusivos cedidos à
M.Books do Brasil Editora Ltda.

Sumário

1. AFASTANDO-SE DO MODELO TRANSACIONAL 9
   Reputação 14
   A situação conjuntural em constante mudança 16

2. VENDENDO NEVE PARA OS ESQUIMÓS 19
   Definição [I] em dicionário 19
   Definição [II] em dicionário 23

3. COLOCANDO A RELAÇÃO EM PRIMEIRO LUGAR 27
   Definição [I] da terapia de vendas® 27
   Definição [II] da terapia de vendas® 30
   Apresentar possibilidades não é um subterfúgio 32
   Criando problemas 36
   Seria isso matar o seu negócio? 37
   Planejamento para o futuro 40

4. DESCONSTRUINDO O MITO DA VENDA DE BENEFÍCIOS 41
   Parte I: a motivação do comprador 41
   Nossa motivação primária 42
   Parte II: benefícios não funcionam 45
   De quem são esses benefícios? 45
   Lugares-comuns 48
   Criando objeções 49
   Fazendo tudo igualzinho 51

5. PARE DE USAR BENEFÍCIOS – COMECE A USAR PROBLEM
   MAPS™ 55
   Problemas e valor 57
   Desenvolvendo a conversação 59
   Introdução ao problem maps™ 60

    Criando um problem map™ 61
    Portanto, por que não "mapas de benefícios"? 65
    Compreendendo os problemas implícitos e explícitos 67
    O efeito desodorante 68

6. **POR QUE A "USP" O IMPEDE DE VENDER?** 71
    Fazendo uma pergunta melhor 72

7. **O SEU ARGUMENTO DE VENDAS EMOCIONAL E A AGREGAÇÃO DE VALOR** 77
    A minha solução é eficaz em termos de custos? 77
    Valor e risco 78
    Compreendendo o valor emocional 80
    Valor: uma visão mais ampla 82
    ESP – emotional selling point (argumento de vendas emocional) 84
    Mantendo distantes os concorrentes 84
    Usando o ESP para garantir consistência 85

8. **CRIANDO UM FLUXO CONTÍNUO DE OPORTUNIDADES** 89
    Parte I: gerenciamento do processo 89
    De quem é a responsabilidade pela geração de um fluxo contínuo de oportunidades? 90
    Entendendo os números relativos às vendas 92
    Identificação de *prospects* 94
    Com o que o seu cliente se parece? 95
    Parte II: conquistando um *prospect* 97
    Conquistando um *prospect* emocionalmente 98
    Passando de *prospects* para clientes potenciais 99

9. **CAMINHOS PARA O MERCADO** 103
    Propaganda 104
    Alianças 105
    Concursos e promoções 105
    Mala direta 105
    Entrega de folhetos de porta em porta 106
    E-mail marketing 106
    Feiras 107
    Networking 107
    Podcasts e *blogs* 108

Artigos promocionais.. 108
Relações públicas... 109
Falar em público... 109
Indicações... 109
Telemarketing 110
Marketing viral.. 110
Web marketing 111
Publicidade boca a boca 112
Escrever artigos... 112

10. DANDO MAIOR AUTONOMIA AO CLIENTE 113
Do que as pessoas têm receio?... 114
Fazendo com que o consumidor se sinta à vontade........... 117
Compreendendo os riscos.. 118
A importância do *empowerment*... 119
Passando o controle ao cliente 121

11. ENTENDENDO OS SEUS COMPRADORES 125
DMU (*decision making unit*).. 129
Composição de uma DMU 131
Trabalhando com a DMU.. 133
A organização de vendas 135

12. FAZENDO PERGUNTAS – O DIAGNÓSTICO 137
Parte I: a relação médico-paciente....................................... 137
Desenvolvimento de relações.. 139
A relação médico-paciente.. 141
Parte II: a falácia das perguntas abertas e fechadas......... 143
Parte III: clareza ao usar problem maps™............................ 146
Obtendo respostas para suas perguntas............................. 146
Fazendo perguntas usando problem maps™....................... 147
Empatia e *empowerment*... *150*
Parte IV: problemas e soluções não são o bastante.......... 153
Critérios para compra – um contexto mais amplo............. 153
Quem mais está envolvido? 154
As expectativas do cliente... 155
Barreiras à concretização de compras 155
Considerações de ordem emocional.................................... 156
Outras perguntas úteis.. 157

Jamais pressuponha 158
A importância da paráfrase 159
Algo mais? 160
Ouvir 161

13. QUANDO É CHEGADO O MOMENTO DE FALAR 163
Agregando valor 164
Trabalhando com o cliente 165
Dando suas sugestões 167
Contando a sua história/desenvolvendo uma narrativa 167
Transmitindo tranquilidade através da compreensão dos riscos 170
Explique tudo 171

14. OBJEÇÕES E PREOCUPAÇÕES 173
Entendendo as objeções 174
Evitando objeções 175
Antecipando-se a objeções 177
Lidando com as objeções 178
Usando testemunhos 182

15. TRADICIONALMENTE DENOMINADO FECHAMENTO 183
Compromisso; não fechamento 184
Mitos do fechamento 184
Conquistando negócios 187
O compromisso vem em pequenas doses 189
Dando sugestões 190
Compreendendo os sinais de compra 191
Compromisso quanto a um acordo 192

16. *FOLLOW-UP* – CONTINUANDO A RELAÇÃO 193
Desenvolvimento de relações 195
Valor contributivo 196
Pós-venda 197
Mantendo contato 197

EPÍLOGO 199
Seus 12 primeiros passos para a *Terapia de Vendas*® 199

Afastando-se do Modelo Transacional 1

O velho modelo transacional de vendas não funciona mais

Podemos comparar o velho modelo transacional de vendas a um carro com motor já desgastado e que vive parado na oficina. A cada poucos quilômetros, é mais dinheiro gasto em uma solução rápida para que seja possível rodar um pouco mais. Na verdade, você sabe que investir mais nesse carro é um desperdício. Porém, sem os meios para trocá-lo, você não tem certeza do que fazer.

Algo semelhante está acontecendo em vendas. As pessoas gastam tempo dando uma nova roupagem e reinventando o velho modelo transacional de vendas de modo a tentar extrair até a última gota na esperança de obter algumas vendas a mais. Durante todo o tempo, as pessoas sabem, instintivamente, que isso realmente não funciona.

Por que, ao tentar vender algo, as pessoas ainda:

- fazem "apresentações de vendas", quando normalmente elas são uma perda de tempo?
- persistem com o mito de perguntas "abertas" ou "fechadas", quando esse modelo é falho?
- insistem em "vender benefícios", quando eles são ineficazes?
- são obcecadas por "tratar das objeções", quando é o modelo de vendas tradicional que as cria?
- concentram-se em "fechar a venda", quando essa não é a maneira de se conquistar resultados?

Muitos donos de pequenos negócios, que precisam vender, mas não são vendedores profissionais, já não se sentem à vontade com o velho modelo transacional de vendas. Eles sabem que a relação com o cliente está em primeiro lugar, porém, não possuem um modelo através do qual possam atingir esse objetivo.

O conceito da importância da relação não é novo. O problema é que os profissionais de vendas continuam a usar o modelo transacional e, então, fazem de conta que a relação com o cliente é a questão mais importante. Esse tipo de atitude simplesmente não funciona.

Por mais "interessadas" que essas pessoas tentem demonstrar que estão na presença de seus clientes, elas ainda insistem em fazer apresentações, tratar das objeções e vender benefícios. O que elas realmente estão fazendo é tentar forçar a barra. Trata-se de um processo de vendas transacional apresentado de forma a fazer acreditar que a relação é a coisa mais importante.

O velho modelo simplesmente não funciona mais.

- Terapia de Vendas® é uma nova abordagem de vendas.
- O foco é no cliente e não no vendedor.
- A relação está em primeiro lugar e não a transação.
- O foco é no processo de vendas e não no resultado.

O método Terapia de Vendas® lhe mostrará como vender de forma mais natural e aposentar suas técnicas de fechamento de vendas.

Com essa nova abordagem, um vendedor não é obrigado a fingir que tem resposta para tudo. Como um terapeuta, eles têm a função de fazer perguntas.

Terapia de Vendas® é uma terapia para ambas as partes. A antiga discussão que, muitas vezes, se transformava em venda, é deixada de lado. Nesse novo conceito, tanto o comprador quanto o vendedor saem ganhando com a relação e a discussão, não importa qual seja o resultado.

Isso não significa que não iremos fazer uma venda. Entretanto, ela é a transação final de um processo. O processo diz respeito ao cliente. Diz respeito a ajudá-los.

Em outras palavras:

- Vender não significa atingir as metas do vendedor, mas sim, atender às necessidades e aos objetivos do cliente.
- Não se trata de fechar negócios, mas, sim, de ajudar as pessoas a comprarem.
- Trata-se de se concentrar no processo, não no resultado.

Todo dono de negócio tem um imperativo comercial. Eles precisam vender para poderem continuar no ramo. Entretanto, a venda deve ser uma situação "em que todos ganham" e não uma "na qual um ganha e o outro sai perdendo".

É preciso abandonar os velhos modelos. Temos que reconhecer as drásticas mudanças que todos nós vivenciamos em todos os aspectos de nossas vidas, onde os negócios não são uma exceção.

Anteriormente à Revolução Industrial existiam muitos donos de pequenos negócios. Pequenos padeiros, ferreiros, comerciantes de ferramentas e sapateiros faziam negócios dentro de suas comunidades locais.

A Revolução Industrial mudou toda essa situação. Ela colocou os meios de produção nas mãos de poucos. Competir nesse novo mundo exigiu enormes investimentos.

Maquinário caro, grandes fábricas, uma cadeia de suprimento eficiente e canais de distribuição eram fatores essenciais. Consequentemente, a maioria dos trabalhadores prestava serviços a um empregador.

Vivemos agora em uma sociedade pós-industrial. Não é mais necessário ser empregado; a tecnologia de hoje não requer um grande desembolso de capital para iniciar um negócio próprio. Você pode comprar um *laptop* e um celular, imprimir alguns cartões de visita e estar em atividade comercial, fazendo negócios sem sair da própria casa, em questão de horas.

Sob diversos aspectos, voltamos ao ponto de partida. Hoje em dia há uma proliferação de pequenos negócios. No Reino Unido, existem hoje mais de quatro milhões de empresas, das quais, aproximadamente 99%, têm menos de 50 empregados. Mais de 70% não possuem empregados. Portanto, a maioria das empresas é formada apenas por donos de pequenos negócios. Tal tendência não é exclusiva do Reino Unido. Por exemplo, a porcentagem de empresas formada exclusivamente pelo dono do pequeno negócio é praticamente a mesma nos EUA.

Cada uma dessas pequenas entidades tem que se autopromover. Independentemente de as empresas estarem usando mala direta, *e-mail*, *telemarketing*, *networking*, propaganda, publicidade boca a boca ou qualquer dos outros caminhos disponíveis para levar uma empresa ao mercado, o resultado final de toda essa atividade é mais "barulho" no mercado do que jamais visto anteriormente.

Esse "barulho" cruzou fronteiras. Globalização significa que as empresas não estão apenas concorrendo em seus próprios territórios, mas ao redor de todo o mundo. Além disso, acompanhamos a desregulamentação de certos mercados como serviços financeiros e de telecomunicação. A globalização, a proliferação de pequenos negócios e a desregulamentação de mercados criaram mais fornecedores, disponibilizando mais produtos e serviços do que em qualquer geração anterior. Hoje em dia a concorrência é mais acirrada do que nunca. Existe um velho adágio: "O cliente manda". A realidade disso nem sempre foi verdadeira. Entretanto, com o leque de opções que o cliente tem hoje em dia, certamente esse é o caso. Consideremos as seguintes mudanças:

> Até o início dos anos 1980, se você precisasse de um financiamento para casa própria, era preciso se dirigir ao gerente de seu banco ou à sociedade de crédito imobiliário com certo temor. Isso porque, caso seu crédito não fosse aprovado, restavam pouquíssimas alternativas para financiar uma casa própria. Hoje em dia, mesmo que você esteja passando por dificuldades financeiras terríveis, existem inúmeras empresas de crédito imobiliário disputando conquistá-lo como cliente.

O mesmo é válido para o crédito pessoal, em que bancos, varejistas e outras empresas disputam clientes para que esses usem suas bandeiras de cartão. Não importa o mercado, pode ser de serviços financeiros, serviços públicos, automóveis, restaurantes ou canais de TV. Há mais concorrência do que nunca, isso dá aos clientes uma oportunidade de escolha cada vez maior.

Não apenas os consumidores têm efetivamente maiores opções como também eles têm maior conhecimento. À medida que o mercado foi amadurecendo, fomos nos tornando compradores cada vez mais sofisticados. Temos maior acesso a informações. Um fator que contribuiu muito para esse fenômeno foi o crescimento meteórico da internet, que possibilita aos compradores – sejam eles indivíduos ou empresas – pesquisar e comparar empresas e produtos em questão de minutos. Não faz muito tempo quando, caso quisesse encontrar o fornecedor de um determinado produto ou serviço, havia pouca escolha a não ser consultar publicações setoriais ou as Páginas Amarelas. Agora podemos pesquisar na internet e encontrar um fornecedor sem mesmo ter que deixar nossas cadeiras. Podemos obter o que quisermos, quando desejarmos, de praticamente qualquer parte do planeta.

> Essa nova liberdade do cliente foi utilizada quase que imediatamente. Nos dias em que a internet era ainda relativamente nova para a maioria das pessoas, a mídia obteve a informação de que os consumidores britânicos estavam pagando preços bem mais altos por seus veículos do que seus vizinhos na Europa continental. Os consumidores britânicos começaram a usar a internet para comprar carros no exterior, fazendo uma grande economia. Isso forçou uma revisão dos preços que os fabricantes britânicos cobravam. A capacidade de comparar preços e encontrar o fornecedor de um determinado produto no exterior mudou as regras nas quais nos baseávamos. De repente, o consumidor passou a ter um controle que jamais havia sido imaginado.

O mercado está cheio de gente. Em um mercado repleto de fornecedores, o poder está com o consumidor. Isso significa que as empresas devem investir mais tempo e dinheiro de modo a conquistarem novos clientes.

Em suma, os custos de aquisição estão subindo.

Concorrência feroz significa que os preços não estão subindo na mesma proporção. De fato, em muitos setores do mercado os preços estão sendo empurrados para baixo. Para uma empresa conquistar um cliente e fazer apenas uma transação não faz sentido. Isso não gera lucro suficiente. Pelo fato de as empresas terem que investir mais capital para conquistar seus clientes, o valor da ordem de compra de um cliente também deve aumentar. Os fornecedores não têm condições de bancar apenas uma transação. Eles têm que voltar as atenções para o *lifetime value*[1] (LTV) de um cliente. Por exemplo:

> Uma revenda de automóveis não quer apenas vender um carro. Ela quer vender o carro, os acessórios, os serviços de manutenção e, quando o carro já estiver na hora de ser trocado, vai querer que o cliente compre o outro carro com ela novamente. Além disso, a revenda vai querer que o cliente os recomende a seus parentes e amigos.

Em outras palavras, a ênfase na situação conjuntural atual passou da realização de transações para a construção de relações.

O segredo para o sucesso é colocar a relação em primeiro lugar; as transações vêm a seguir. Entretanto, o modelo de vendas tradicional é do tipo transacional. Ele simplesmente não permite que o pensamento anterior aconteça.

REPUTAÇÃO

Nenhuma empresa jamais deseja ter uma má reputação. Anos atrás, quando uma empresa podia ter apenas um ou dois concorrentes, ela muitas vezes poderia continuar a subsistir a despeito de suas limitações. Com um número limitado de opções e acesso restrito ao conhecimento, era inevitável que alguns clientes acabassem usando essa empresa; qua-

---

[1] NT: O total de lucro que uma empresa espera obter com um cliente durante o período de tempo em que ele adquire produtos da empresa. Fonte: *Oxford Business English Dictionary*.

se sempre por falta de opção. Entretanto, isso não é mais o caso. As empresas estão operando em mercados altamente competitivos, nos quais os clientes têm uma superabundância de opções. A reputação agora é um bem frágil e de valor inestimável.

Uma boa reputação irá ajudá-lo a se destacar em relação aos demais. Uma má reputação pode significar o seu fim.

No mundo do passado, quando passávamos por uma experiência ruim, a primeira coisa que fazíamos era contar o ocorrido para algumas pessoas. Finalmente, nós ficaríamos cansados de recontar nossa história e ela seria esquecida. Hoje em dia, nós não apenas iríamos contar a história para alguns de nossos amigos e colegas mais próximos como também, possivelmente, enviaríamos um *e-mail* ou um SMS para todo nosso catálogo de endereços. Além disso, caso nos sintamos particularmente ofendidos, talvez optemos por postar uma mensagem em um *blog* na internet. Consideremos o tamanho do impacto da seguinte experiência que tive pessoalmente:

> Eu participava de um desses encontros no café da manhã em um hotel de Londres onde uma senhora, que recentemente havia vindo de avião dos Estados Unidos, estava hospedada. Ao encontrá-la pela primeira vez, ela me pareceu particularmente zangada. Naturalmente, perguntei a ela o que havia de errado, à vista do que, ela recontou os dois dias terríveis que havia passado nesse particular estabelecimento. Ela terminou seu reconto com as seguintes palavras: "... e eu vou postar no meu *blog* essa droga de hotel quando retornar à minha casa". De fato, da última vez que verifiquei, se fizermos uma busca na web com o nome do hotel, o *blog* dessa senhora, alardeando todas as suas queixas, ainda aparece na mesma página de busca do que o hotel.

Embora ela possa ser uma pessoa totalmente desconhecida para praticamente todos que chegam a ler o material por ela publicado, não consigo imaginar ninguém reservando um quarto lá após ler o conteúdo de seu *blog*. As reclamações dela não irão cessar depois dela se enjoar de recontar a mesma história. Essas reclamações serão praticamente perpetuadas, pois foram postadas na web com o potencial de afetar negativamente a imagem e os negócios desse hotel por vários anos. Na conjuntura atual, as empresas simplesmente não têm condições de arcar com a perda de vendas, fazer promessas vazias ou desiludir seus clientes.

A ênfase passou da transação para a relação.

Concentrar-se na transação significa colocar a transação em primeiro lugar. Aqui a coisa mais importante é conseguir fechar o negócio. Isso pode levá-lo a *mis-selling*[2] ou *overselling*[3], através dos quais, de modo a conquistar o negócio, talvez você crie tantas expectativas para o cliente que, mais tarde, a única coisa que pode acontecer é o desapontamento deste último.

Se você colocar a relação em primeiro lugar, é pouco provável que isso aconteça, pois a prioridade é o seu cliente. Seus interesses estão acima de tudo; todo o resto é secundário. Essa abordagem significa que será maior a probabilidade de deter e aumentar a sua boa reputação. Com a possibilidade de disseminação das informações e das recomendações boca a boca, uma boa reputação levará, em última instância, a um volume de vendas maior.

A SITUAÇÃO CONJUNTURAL EM CONSTANTE MUDANÇA

Está claro que hoje em dia existe um problema com as vendas.

As mudanças ocorridas no mundo tornaram obsoleto o antigo modelo transacional de vendas.

Apesar disso, a maioria dos livros sobre vendas, cursos de treinamento em vendas e os departamentos de vendas ainda usa esse modelo, ainda que, disfarçado em uma linguagem diferente. Ele simplesmente desafia a lógica de que as empresas evoluíram incrivelmente, apesar de o modelo de vendas não ter mudado de modo algum. Consideremos algumas das mudanças operacionais que as empresas tiveram que empreender:

---

[2] NT: Vender algo para alguém que não é adequado as suas reais necessidades. Fonte: *Oxford Business English Dictionary*, OUP.
[3] NT: Exagerar na qualidade ou importância de algo. *Fonte*: *Oxford Business English Dictionary*, OUP.

- Um número cada vez maior de processos foi automatizado, usando tecnologia, de modo a aumentar a eficiência e a velocidade. Isso levou a mudanças profundas nas organizações e significa que a TI hoje em dia é parte integrante da estratégia empresarial.
- Muitas organizações agora terceirizam aspectos-chave de suas operações, coisa que, no passado, elas jamais pensariam em fazer.
- Outras empresas possuem departamentos operacionais fora do país em que estão, através dos quais, um cliente sediado em Londres poderá ser atendido por alguém em outro país.

Além disso, as empresas não apenas tiveram que mudar operacionalmente; as mudanças ocorreram em todo o espectro. Outro exemplo seriam os departamentos de RH:

- À medida que nos tornamos mais ricos, o dinheiro não é mais a única consideração para atrair e manter pessoal. Outros benefícios e questões relativas à qualidade de vida também são levadas em consideração pelos empregados.
- À medida que o mercado empregatício global se torna mais competitivo, há uma ênfase cada vez maior em treinamento e desenvolvimento nas empresas.
- Há também uma fusão maior entre a vida doméstica e profissional, já que a tecnologia significa que as pessoas não têm que estar em seus escritórios para alcançar resultados. Telefones celulares e *laptops* significam que as pessoas podem ser produtivas em uma série de lugares em horários que sejam adequados a elas.

Portanto, por que será que, ao terem ocorrido mudanças tão drásticas na maneira de conduzirmos nossos negócios, as pessoas ainda tratam vendas como se elas nunca tivessem mudado?

Existe no momento uma discrepância entre como as pessoas se comportam ao vender e todos os demais aspectos de um negócio. É difícil de acreditar que tenham ocorrido tantas mudanças no mundo, mas que o modelo de vendas não tenha mudado de modo algum. O modelo de vendas tradicional permaneceu em um vácuo enquanto o mundo do comércio avançou.

Vendendo Neve para os Esquimós 2

"Ele consegue vender neve até para os esquimós."

Isso é venda ou uma fraude?

Essa frase conhecidíssima é normalmente usada para descrever um grande vendedor, sendo que a ideia por trás disso é que essa pessoa é capaz de vender até mesmo algo que o comprador não precise. Mas seria vendas isso mesmo? Em um mundo onde as relações e a reputação são tão importantes, essa atitude pode causar danos significativos para qualquer empresa e, apesar disso, o conceito de que a transação tem a prioridade e nada mais importa, ainda persiste.

Precisamos nos dar conta que essa venda "transacional" é tão arraigada em nossa cultura que se tornou uma parte inalterada de nossa linguagem. Isso representa uma verdadeira ameaça, pois se a verdadeira essência das vendas não for bem compreendida, há pouquíssimas chances de que o processo será realizado de forma eficaz. A despeito disso, o modelo transacional de vendas é perpetuado ao redor do mundo. Esse fato é realçado em dois grandes dicionários da língua inglesa; o *Merriam-Webster*, nos EUA, e o *Oxford English Dictionary*, no Reino Unido. Ambos publicam uma série de definições para o verbo "vender", cada uma delas de acordo com diferentes circunstâncias, embora as duas definições mais similares que são mais relevantes para nossos propósitos são ambas de natureza transacional.

DEFINIÇÃO [I] EM DICIONÁRIO

"... ceder para alguém por algo de valor" (Merriam-Webster)

"... dar em troca de dinheiro" (Oxford English Dictionary)

"Dar em troca de dinheiro" não é vender.

- Trata-se da venda.
- Trata-se da transação.
- Não existe nenhuma referência aqui a qualquer processo.

Se eu lhe der uma caneta e você me der R$ 1,00 isto é "dar em troca de dinheiro" e é dessa maneira que vender foi sempre visto. Entretanto, se definirmos seu trabalho como conseguir que alguém "dê em troca de dinheiro", então estaremos transformando a atividade de venda em um "ou tudo, ou nada". Há duas possibilidades: ou o cliente "dá em troca de dinheiro" ou não. Caso o faça, você ganha; caso contrário, você perde.

Ao se usar essa definição transacional não há nenhum reconhecimento do vendedor agregando valor de forma alguma. O resultado é tudo o que interessa. Nesse cenário, a transação tem que ser o objetivo primário de um vendedor. Por definição, os interesses do cliente passam a um segundo plano. Seria alguma surpresa o fato de os vendedores terem medo de ser rejeitados? Em uma situação "ou tudo, ou nada" eles têm muito a perder.

O modelo transacional de vendas implica que os vendedores não agregam nenhum valor a não ser obter uma compra no final do processo. Portanto, toda interação vivida com um cliente tem a possibilidade de ser sucesso ou insucesso. Vencer ou perder. Dentro desse contexto, não é de se surpreender que ocorram dois lugares-comuns ao se vender:

1. Os vendedores perdem tempo com clientes, pessoas que nunca irão comprar, mas por uma razão ou outra, são relutantes em dizer não. Em uma situação de ganhar ou perder, um vendedor tenta evitar perder. Eles não vencerão necessariamente, porém, ainda não perderam. O resultado são vendedores que gastam grande parte de seu tempo atendendo um público que jamais se transformará em nada. Isso significa, obviamente, que em longo prazo eles jamais gerarão um volume de negócios em relação ao qual eles, ou suas empresas, terão orgulho.

2. Acontece *mis-selling* e *overselling*. Se alguém tiver que perder, a natureza humana dita que a maioria dos vendedores preferiria que esse fosse o cliente, não eles próprios. Na conjuntura atual, essa abordagem pode ser muito prejudicial para uma empresa.

É aí que os donos de pequenos negócios começam a ir por água abaixo.

Um vendedor em uma grande corporação pode concretizar uma venda e receber um tapinha nas costas do diretor de vendas. Qualquer *mis-selling* ou *overselling*, que pode resultar na reputação da empresa ser arranhada, muitas vezes, acaba como um problema de alguém do departamento de atendimento ao cliente e não é mais responsabilidade de um dado vendedor. Trata-se não apenas de algo imoral como também, no mundo dos negócios, pode acabar com um negócio depois de um certo tempo. Não obstante, o modelo transacional normalmente irá encorajar esse tipo de comportamento por parte de um vendedor que, muitas vezes, não tem contato com o resto do processo.

Os donos de pequenos negócios estão muito mais próximos do processo.

Quando um cliente reclama, não será o telefone do serviço de atendimento ao cliente que irá tocar, mas sim o do proprietário do negócio. Portanto, muitos microempresários já têm dificuldade em vender usando o modelo transacional. Os problemas inerentes que podem se perder em uma grande organização "vão parar exatamente na porta do dono" do pequeno estabelecimento. Com o modelo transacional tão prevalente, muitos microempresários ficam à mercê de tentar se virar por conta própria.

Se disséssemos que "dar em troca de dinheiro" é uma definição aceitável de vender, isso a transformaria em uma das únicas profissões do mundo a se autodefinir pelo "resultado desejado". Isso é ridículo. Imagine o que aconteceria caso outro profissional, por exemplo, um médico, agisse da mesma forma:

> Um médico, praticante da medicina, poderia definir sua profissão como "tratamento e prevenção de doenças". Essa definição permite a eles adotar uma abordagem holística. Diante de um paciente, exige-se que ele faça perguntas, realize exames clínicos, considere problemas derivados ou fatores relevantes adicionais e como resultado dessa consulta, apresente um tratamento a partir de uma série de resultados diversos. Por exemplo, o médico poderia lhe mandar para casa para se recuperar, aplicar-lhe uma injeção, prescrever um remédio como grandes pastilhas na cor amarela, mandá-lo fazer exames adicionais ou, caso não se sentisse capaz de ajudá-lo, indicar-lhe um especialista.

Vejamos o que aconteceria caso esse mesmo médico se definisse apenas através de um dos possíveis resultados. Nesse exemplo, o médico não é mais alguém que trata e previne doenças, mas, sim, alguém que "prescreve grandes pastilhas na cor amarela". Sob vários aspectos, fazer perguntas e mandar fazer exames agora é supérfluo, pois o médico já sabe o que irá recomendar.

Quantas vezes um vendedor comete esse erro e não consegue compreender seus clientes? Isso está fadado a acontecer quando um vendedor está meramente cumprindo formalidades. Em última instância, as respostas do cliente são irrelevantes para o vendedor, pois ele também já sabe quais serão as suas recomendações. A única razão para ele ouvir um cliente é justificar a já sabida atitude que ele tomará:

> Portanto, você vai ao médico com dor de garganta e este lhe prescreve "grandes pastilhas na cor amarela". Caso você esteja com enxaqueca, o médico também lhe prescreverá "grandes pastilhas na cor amarela". Na realidade, um médico que se define dessa forma tem que prescrever "grandes pastilhas na cor amarela" seja lá quais forem os sintomas, uma perna quebrada ou uma suspeita de úlcera.

Imagine agora que esse médico recebesse comissão pelo número de "grandes pastilhas na cor amarela" receitadas. Quem em sã consciência iria consultar esse médico agora?

Todavia, é isso o que acontece como resultado do modelo transacional de vendas. Um vendedor possui um número limitado de soluções a sua disposição. Ele define sua função **apenas** como convencer clientes a comprarem essas soluções, tornando irrelevante a situação do cliente. Enquanto isso, o cliente tomará consciência de que o vendedor receberá uma comissão como consequência da transação. Mesmo assim, o vendedor espera conquistar a confiança do cliente. Na realidade, isso é um absurdo.

DEFINIÇÃO [II] EM DICIONÁRIO

"... persuadir ou influenciar para uma dada linha de ação ou à aceitação de algo" (Merriam-Webster)

"... persuadir alguém dos méritos de ..." (Oxford English Dictionary)

Esta é a visão arquetípica de vender. Nela está implícita que um vendedor aborda um possível comprador, usando "a sua lábia", tentando convencer ou persuadir essa pessoa a fazer ou comprar algo.

Muitos vendedores se sentem mais à vontade descrevendo sua ocupação como persuadir alguém dos méritos de seu produto ou serviço. Nessa situação, eles não estariam conduzindo uma simples transação, mas, sim, realizando um "processo de persuasão".

Entretanto, seja lá qual for a forma que tentarmos extrapolá-la, trata-se ainda de uma definição transacional. A única razão para eu estar tentando persuadir meu cliente de algo é aquela dele vir a "dar em troca de dinheiro". Simplesmente não existe outro escopo na persuasão. Afinal de contas, se o vendedor for bem-sucedido em persuadir o cliente, ele não está indo lá simplesmente para depois ir embora. Logicamente, o próximo passo é o cliente comprar o produto ou serviço de sua empresa. Consequentemente, essa definição ainda faz da transação o aspecto mais importante do processo. A persuasão é realizada exclusivamente para atender os objetivos do vendedor, qual seja o de conseguir concretizar a transação. Repetindo, os interesses do cliente ficam em segundo plano.

O método Terapia de Vendas® conclui que **não** é função do vendedor persuadir o cliente em nada. Um vendedor, obviamente, não pode ajudar, porém pode ter certa influência. Porém, essa não deve ser exercida com o intuito exclusivo de conseguir que o cliente aceite a solução por ele proposta. Porém, pode ser que, após ter sido estabelecida uma certa empatia e travada uma conversa positiva, em que são exploradas diversas alternativas, talvez o cliente seja persuadido ou influenciado a comprar desse vendedor.

Seria apenas uma questão de semântica?

Qual a diferença entre, por um lado, persuadir alguém ou, por outro, eles serem persuadidos ou influenciados?

A diferença está no **intuito**.

Nas definições de dicionários, o intuito do vendedor é persuadir ou influenciar única e **exclusivamente** com o propósito de conseguir realizar a transação. Esse não é o caso na Terapia de Vendas®. A transação é uma questão secundária. Travamos uma ótima conversa com um possível cliente apenas para ajudá-lo e não para coagi-lo a comprar. Somente ocorrerá uma transação caso seja do interesse do cliente assim fazê-lo. Algo que cabe apenas a ele decidir.

Ao concentrar seus esforços apropriadamente, é possível garantir que você manterá conversações com as pessoas com maior probabilidade de serem ajudadas por você e, consequentemente, ainda poderá garantir que você terá sucesso na negociação. Ainda mais em um mundo onde a reputação é tão importante e a disseminação de informações é tão fácil, os benefícios de colocar o cliente em primeiro lugar irá superar quaisquer transações perdidas por ter adotado essa abordagem.

Uma pessoa que lida apenas com clientes satisfeitos receberá, ao longo do tempo, muitas indicações através da propaganda boca a boca. Essas aumentarão ainda mais quando tiverem uma reputação pela honestidade. As recomendações virão até mesmo de pessoas que não poderiam ser beneficiadas. Tais pessoas se sentem felizes em indicar amigos e colegas a alguém que irá se distanciar de uma transação quando essa não for indicada para o cliente.

A visão Terapia de Vendas® trata de dar poder e possibilitar que o cliente compre de nós quando for conveniente para ele. Através dessa abordagem, a ênfase se afasta da venda e das tradicionais imagens por ela evocadas e passa a uma que facilite o processo de compra.

Por outro lado, a visão transacional de vendas é aquela em que o vendedor coloca seus próprios interesses acima de tudo. Esta não é a forma mais efetiva de se operar hoje em dia.

Colocando a Relação em Primeiro Lugar 3

O modelo transacional de vendas é endêmico em nossa cultura e foi o principal método de vendas durante o século XX. Hoje em dia, porém, precisamos de algo diferente. Precisamos de uma forma de definir venda que permita ao vendedor colocar a relação em primeiro lugar. A Terapia de Vendas® é esse modelo e define venda de duas formas:

DEFINIÇÃO [I] DA TERAPIA DE VENDAS®

"Solução de Problemas"

Toda compra resolve um problema:
Portanto, venda concerne à solução de problemas.

Todos os dias fazemos compras para resolver problemas práticos como:

Compramos um litro de leite, caso contrário, não poderíamos fazer nosso café da manhã.

Compramos gasolina para o carro, caso contrário, não poderíamos nos deslocar de carro do ponto A para o ponto B.

Tais exemplos são fáceis de serem compreendidos. Entretanto, à medida que nos tornamos mais ricos, fazemos cada vez menos compras baseadas exclusivamente em aspectos práticos. Questões emocionais muitas vezes se tornam mais importantes. Em geral, quanto menos mundana for uma compra, mais prevalentes se tornam os problemas emocionais. Pelo fato de os problemas emocionais serem de natureza tão pessoal, torna-se mais difícil identificá-los. Mesmo assim, tais problemas são reais e não podemos cometer o equívoco de esquecer a sua existência.

É importante notar que qualquer problema deve existir apenas na realidade do comprador. A percepção dele, no momento, é a única que importa. Independentemente de alguém mais acreditar ou não na realidade do problema, isso é irrelevante.

Para compreender a variedade de problemas que podem existir, tomemos como exemplo a compra de um *tailleur*:

---

1 O problema é puramente prático:
Em seu novo emprego Joanne tem que usar um *tailleur* escuro. Porém, ela não tem nenhum no momento. Ela não está nada animada com a perspectiva dessa compra e sua intenção nada mais é do que simplesmente comprar o *tailleur* para atender essa exigência.

2 O problema é, ao mesmo tempo, prático e emocional:
Joanne precisa comprar um *tailleur* escuro que ela ainda não possui, mas que é exigido em seu novo emprego. Entretanto, por que Joanne está procurando um *tailleur* caro e de grife? Essa compra irá resolver os problemas emocionais de como ela deseja ser vista pelos outros (*status*) e como ela se vê (aspirações).

3 O problema é puramente emocional:
Pode haver uma série interminável de problemas emocionais que são resolvidos através de uma determinada compra. Eis alguns exemplos comuns:
- Joanne não tem nada para fazer:
  Portanto, ela vai fazer compras. Para muitas pessoas, os *shopping centers* se tornaram parques temáticos do século XXI. Apenas ir às compras, em si, já resolve um problema. Muitos varejistas reconhecem isso e observa-se um número cada vez maior de *shopping centers* paparicando seus clientes para atender a necessidade deles de deslocamento afetivo. Os *shopping centers*, as vitrines das lojas e os *displays* são todos projetados para

suscitar o desejo e uma sensação de "falta de alguma coisa". Nesses ambientes, as pessoas normalmente se sentirão insatisfeitas com suas realidades atuais e gastar um período significativo de tempo nesse ambiente poderá estimular um forte desejo de "possuir". O problema então se torna um de alívio de necessidade. Tal problema pode ser solucionado apenas fazendo-se uma compra. O que é comprado é irrelevante. Nessa ocasião, Joanne compra um *tailleur* escuro.

- Joanne já tem vários *tailleurs* escuros:
O uso de todos eles seria adequado em seu novo emprego. Mesmo assim, ela sai para comprar um outro *tailleur* escuro. Obviamente, há uma série de problemas emocionais que esta compra poderia resolver e o problema irá variar de acordo com a pessoa. Eis algumas possibilidades:
1 Problema de baixa autoestima:
Joanne não se sente bem em relação a si mesma. Ela poderia comprar qualquer coisa hoje, porém ela tem uma desculpa para comprar um novo *tailleur* escuro. A compra possibilita que ela se sinta bem em relação a si mesma, embora apenas temporariamente. O processo de escolher e comprar um novo *tailleur* também dá a ela uma sensação de controle de sua vida, coisa que normalmente ela sente falta (essas emoções se devem, parcialmente, ao fato de algumas pessoas se tornarem viciadas em fazer compras, fenômeno conhecido como *shopping* terapêutico).
2 Problema de falta de confiança:
Joanne está apreensiva em relação ao seu novo trabalho. Ela acredita que ir ao seu novo emprego usando um *tailleur* novinho em folha fará sentir-se bem em relação a si mesma e, portanto, dará a ela maior confiança.
3 Problema de *status* e aspirações:
Joanne quer chegar no seu novo emprego vestindo um *tailleur* novinho e da moda. Isso soluciona o problema de como ela será vista pelos novos empregadores (*status*) e como ela se vê assumindo essa nova oportunidade (aspirações).

Existe outro fenômeno: compra por impulso.

Isso acontece com frequência, porque um número maior de pessoas hoje em dia tem o conhecimento e os meios econômicos para assumir o risco inerente de se fazer compras repentinas. As motivações por trás dessas compras ainda serão as mesmas da Joanne e seu *tailleur*; apenas a frequência com que elas serão feitas que irá mudar.

Já que é impossível cobrir os inúmeros problemas que alguém talvez esteja tentando solucionar, os exemplos dados mostrarão algumas das possibilidades. Também é importante entender que muitos desses problemas existirão de forma combinada entre eles e não são problemas que, por uma questão de conveniência, se encaixariam, cada qual, em compartimentos estanques. Ao vender, se você for capaz de entender os problemas que o consumidor está tentando solucionar, sua probabilidade será maior de concretizar a venda.

Temos diversos exemplos da Joanne comprando um *tailleur* escuro, porém, nesses exemplos, suas motivações para comprar o *tailleur* são muito diferentes. Em cada uma delas, o *tailleur* que a Joanne compraria poderia, de maneira plausível, ser o mesmo. São as mensagens de vendas que terão que variar. Imagine as prioridades da Joanne. Se ela estiver comprando o *tailleur* tendo em mente apenas considerações puramente práticas elas serão bem diferentes caso suas prioridades sejam *status* e aspirações.

O princípio para a pessoa que está vendendo jamais muda. Venda concerne à solução de problemas. Caso seja capaz de realmente entender os problemas de seu cliente e tiver uma solução apropriada, será grande a chance de você fazer a venda.

DEFINIÇÃO [II] DA TERAPIA DE VENDAS®

"Apresentação de Possibilidades"

Apresentar possibilidades é um aspecto fundamental da venda. Talvez você tenha um produto ou um serviço sobre o qual as pessoas nunca tenham ouvido falar ou tenham considerado anteriormente. Talvez elas não compreendam como o seu produto ou serviço poderia ajudar suas empresas ou em suas vidas pessoais e o motivo para justificar o investimento. Assim como acontece em uma terapia, ao explorar ideias, aumenta-se o nível de consciência do cliente. Talvez isso venha a mudar a perspectiva dele.

Entretanto, para conseguir isso, você precisa ser um especialista. Um vendedor eficaz é, hoje em dia, um educador, um professor. Eles detêm um alto conhecimento relativo a suas áreas de especialização. Isso porque, ao vender, sua função é mostrar às pessoas o que há disponível e o que é possível fazer. Você estará alargando os horizontes de seus clientes e explicando coisas a eles em uma linguagem em que eles consigam entender.

Isso vem se tornando cada vez mais importante no mundo em que vivemos. O fenomenal ritmo de mudança, aliado ao número de opções que temos, significa que comprar pode ser, muitas vezes, extremamente complicado. Por exemplo:

> Consideremos a compra de um aparelho de TV. Antigamente as opções eram: em cores ou preto e branco. Hoje as opções são telas LCD ou plasma e TVs de parede ou de mesa. Há também tecnologias de som 5.1 *surround* e imagem de alta definição, todas em patamares de preços bem diferentes. Encontrar a TV certa não é tão fácil quanto antigamente.

O que foi dito acima vale para muitos outros aspectos de nossas vidas.

A menos que nós mesmos sejamos especialistas, normalmente precisaremos de ajuda para tomarmos nossas decisões de compras. Em última instância, a apresentação de possibilidades concerne em mostrar a um cliente as opções disponíveis. Trata-se de mostrar a alguém que talvez exista uma maneira melhor de fazer algo. Obviamente, talvez isso signifique que não exista uma maneira melhor a ser oferecida e, nesse caso, você deve estar disposto a se retirar. Da mesma forma, se existir uma maneira melhor, mas uma em que você não pode ser útil, você deve estar pronto para recomendar uma solução alternativa.

Isso é vender com integridade.

Vender com integridade significa: colocar o cliente em primeiro lugar.

APRESENTAR POSSIBILIDADES NÃO É UM SUBTERFÚGIO

A ideia de que vender trata-se apenas de mostrar a um cliente as opções disponíveis pode parecer muito simplória. De fato, se interpretada erroneamente, essa forma pode dar a impressão de um tipo de serviço de informações através do qual os vendedores não vendem nada, mas sim fornecem informações imparciais aos clientes. Obviamente, se esse fosse o caso, então certamente a empresa fornecedora do melhor produto ou serviço seria a única a ser recomendada.

Obviamente, este não é o caso. Um vendedor não é um serviço de informações passivo. Eles lá estão para apresentar, **de forma proativa**, as possibilidades e ajudar um cliente a solucionar problemas. Uma atitude passiva significaria que um vendedor fornece informações de forma desapaixonada. Ser proativo implica que o vendedor explora e é criativo em encontrar uma solução. Por exemplo, um cliente telefona para um restaurante:

Resposta passiva:
Cliente: "Que tipo de carne vocês servem?"
Dono do restaurante: "Carne de cordeiro e de vaca, senhor."
Cliente: "Muito obrigado. Até logo."

Resposta proativa:
Cliente: "Que tipo de carne vocês servem?"
Dono do restaurante: "O senhor estaria procurando algo em particular?"
Cliente: "Gostaríamos de reservar um recinto privado para um jantar com carne de peru."
Dono do restaurante: "Qual seria o número de convidados?"
Cliente: "Quinze convidados."
Dono do restaurante: "Perfeito, senhor; ficaremos felizes em preparar esse jantar especial com carne de peru para 15 convidados. Que data deseja?"

No primeiro exemplo, o dono do restaurante adota uma postura passiva para atendimento e não consegue fechar o negócio. No segundo exemplo, o dono do restaurante adota uma abordagem proativa para solução de problemas e consegue fechar o negócio.

Portanto, será totalmente apropriado para uma pessoa que está vendendo, recomendar suas próprias soluções. Caso achem que jamais conseguirão recomendar, de forma legítima, seu próprio produto ou serviço, existem apenas duas explicações possíveis:

1 O produto ou serviço deles não é comercialmente viável (obviamente, qualquer empresa sem uma solução comercialmente viável está fadada ao insucesso); ou
2 A empresa está visando o público completamente errado para o seu produto ou serviço.

É pouco provável, no mundo competitivo de hoje, que exista um produto ou serviço que mereça sempre ser recomendado.

Para a maioria dos clientes, não se trata de adquirir o melhor nem o mais barato, mas, sim, o mais apropriado. Custos, frequência, especificações, cor, localização geográfica, condições de entrega e muitos outros fatores contribuirão para decidir se um determinado produto ou serviço é adequado para um dado cliente. De qualquer forma, essas condições são negociadas de modo a atender às necessidades do cliente, pois as condições e especificações padrão de qualquer empresa muitas vezes não é inteiramente adequada.

Um vendedor irá, indubitavelmente, influenciar um possível cliente, assim como acontece em qualquer conversação extensa sobre qualquer assunto. Desde que o vendedor coloque os interesses do cliente em primeiro lugar e esteja preparado para sair do processo caso não consiga ajudar o cliente, é totalmente apropriado que ele recomende sua solução quando acreditar que ela irá ajudar o cliente. Obviamente, isso requer um alto grau de moralidade, mas no mundo transparente em que todos vivemos hoje, para ser eficaz nos negócios, isso é essencial.

Dar novas possibilidades apresenta outros desafios. Ao mostrar para alguém uma forma melhor de fazer alguma coisa, a implicação é que seja lá o que o cliente esteja fazendo atualmente, isso está errado. Embora ao vender você não vá dizer isso diretamente, é um fato que é impossível de ser ignorado. As duas atividades são mutuamente exclusivas. Se existe uma melhor maneira de se fazer algo, pode-se inferir que seja lá o que seu cliente estiver fazendo no momento, essa não pode ser tão boa assim.

Ao apresentar possibilidades você está pedindo permissão ao seu cliente para que este "aceite novas ideias". Isso deve ser feito de forma delicada e, dependendo da experiência e da habilidade da pessoa que estiver vendendo, pode gerar resultados bem diversos. Isso porque "aceitar novas ideias" significa que um cliente terá que sair de sua "zona de conforto". Em geral, trata-se de algo que nenhum de nós gosta de fazer, por menor que sejam os riscos:

> A maioria de nós usa o mesmo caminho para ir trabalhar todos os dias. Acostumamo-nos com as ruas, as estações e os semáforos pelos quais passamos, ao longo do caminho. Temos também nossa rotina própria, seja ela de ler o jornal no trem ou de ouvir a uma determinada estação de rádio no carro. Imagine o quão desconfortável, ou até mesmo defensivo, você poderia se sentir, caso um amigo sugerisse um caminho melhor. Embora esse caminho possa lhe poupar 20 minutos em sua jornada, trata-se de algo novo. Ele introduz medos como se perder, se aventurar por locais com os quais não está familiarizado e ter que alterar a rotina com a qual você já está tão acostumado. Em suma, a ideia de mudar algo com o qual está tão familiarizado é desconfortante.

Além disso, se já estiver fazendo esse mesmo caminho há um tempo considerável, ter sido alertado sobre uma rota que lhe pouparia 20 minutos todos os dias poderia fazer com que você se sentisse um tanto tolo.

No exemplo acima, não há custos adicionais envolvidos e a recomendação foi feita por um amigo, embora você já se sinta desconfortável por apenas pensar em mudar sua rotina. Mais que isso, talvez você até mesmo fique tentado a justificar o motivo para usar esse determinado caminho. Isso será feito para evitar humilhação. Afinal de contas, ninguém, em sã consciência, gastaria 20 minutos a mais, todos os dias, para ir trabalhar, sem necessidade. Caso este seja o caso, imagine a dificuldade em aceitar uma mudança que foi recomendada por alguém com o qual está menos familiarizado e quando há muito em jogo.

> Imagine o proprietário de um pequeno negócio que dirige uma empresa eficiente e lucrativa. Ele tem uma reunião com um vendedor que demonstra um aplicativo de *software* que irá reduzir os custos administrativos da empresa em R$ 10.000,00 por ano. Essa pode ser uma boa notícia. Entretanto, esse *software* esteve disponível nos últimos cinco anos. Emocionalmente, se o dono da empresa aceitar que esse *software* será útil, então ele desperdiçou potencialmente R$ 50.000,00. Como isso se reflete sobre ele?
>
> Alguns donos de empresa poderiam prontamente abraçar a oportunidade recém-descoberta. Outros poderiam descartar imediatamente a ideia do vendedor e decidir que o *software* tem que ser "muito bom para ser verdade", ao passo que outros poderiam aceitar essa nova informação e explorar melhor o mercado.

A apresentação de possibilidades não é um subterfúgio ou um conceito vago. Não é fácil fazê-la. As pessoas não gostam de se sentir vulneráveis ou serem informadas de que estão erradas e, certamente, elas não gostam de mudanças. A apresentação de possibilidades normalmente engloba essas três situações. Nunca lhe aconteceu de ter um cliente para o qual a sua solução parecia perfeita e mesmo assim ele não a adquiriu? A apresentação de possibilidades demonstra que há mais do que lógica envolvida em uma decisão de compra. Apenas entendendo isso teremos condições de começar a lidar com alguns dos problemas que a apresentação de possibilidades representa.

CRIANDO PROBLEMAS

Venda diz respeito a solucionar problemas. Toda compra resolve um problema e, algumas vezes, ao apresentarem possibilidades, os vendedores criam problemas que eles são capazes de resolver. Isso não é manipulação. Se a pessoa que estiver vendendo sempre contar a verdade, ela não será capaz de criar problemas que não existem. Ela poderia, entretanto, alertar seus clientes sobre um problema que eles não haviam se dado conta. Em outras palavras, o problema sempre existiu; simplesmente o cliente nunca esteve ciente de sua existência.

Por exemplo, o proprietário do pequeno negócio citado anteriormente, que poderia economizar R$ 50.000,00 em custos administrativos, não estava ciente disso. Ele foi trabalhar naquele dia acreditando que não tinha nenhum problema no departamento administrativo. Após se reunir com aquele vendedor, ele foi para casa naquela noite atordoado com o problema de que o seu departamento administrativo estava custando muito. O problema já existia anteriormente; o que mudou foi sua conscientização a respeito e a possibilidade de que seus concorrentes já poderiam estar usando o *software* sugerido, com o potencial de tornar a sua empresa menos competitiva.

Mesmo quando um vendedor apresenta uma solução formidável, como no caso anterior, a apresentação de possibilidades vale nos dois sentidos. A pessoa que está vendendo está lá para mostrar ao cliente que pode ter uma maneira melhor de se fazer algo. Entretanto, ela tem que ouvir o cliente e ter a integridade de sair do processo caso não consiga ajudá-lo. Por exemplo, se o empresário do exemplo anterior for vender a empresa a curto prazo, investir em um novo aplicativo de *software* naquele momento, com todo o transtorno que ele irá criar e o tempo necessário para a sua implementação, tornaria tal projeto totalmente inapropriado.

Portanto, venda concerne à solução de problemas. Certas vezes os clientes irão reconhecer os problemas que têm. Apresentar possibilidades, nessas ocasiões, será uma questão de encontrar a solução mais apropriada para o cliente. Outras vezes, os clientes talvez não estejam cientes dos problemas existentes. Ao apresentar possibilidades, o vendedor cria suas próprias oportunidades. Ao fazer com que um cliente tome consciência de um problema, o vendedor se antecipa na busca de uma solução apropriada. Seja lá qual for o papel do vendedor, em uma dada circunstância, ele sempre deve se portar com a maior integridade. Isso não é apenas moralmente correto, mas também, no ambiente comercial atual, faz sentido em termos comerciais.

O velho modelo transacional de vendas não dá espaço para integridade nas vendas, pois ele exige que o vendedor coloque a transação em primeiro lugar. É dessa forma que a maioria dos vendedores foi treinada por várias gerações. Nada que não seja um pedido em seus talonários é aceitável.

O método Terapia de Vendas® coloca o cliente em primeiro lugar. Não existe mais a preocupação de se concentrar na transação. Na realidade, é praticamente o oposto. A transação deve estar posicionada em um nível semiconsciente. Ao vender, o foco de uma pessoa deve ser apenas em apresentar as possibilidades e a solução de problemas. Se vender for apenas mostrar às pessoas que podem existir maneiras melhores de se fazer algo e solucionar os problemas por elas enfrentados, então vender é, em última instância, nada mais do que **ajudar as pessoas**.

O método Terapia de Vendas® reconhece que vender diz respeito a ajudar as pessoas. Tendo isso em mente, ao vender você não terá mais que:

- se desculpar pelo que faz;
- ter medo de ser rejeitado;
- se sentir incomodado devido à má reputação que vendas teve no passado.

Vender não diz respeito a vender neve aos esquimós; nunca foi assim. Vender diz respeito a se concentrar no cliente e a ajudá-lo. Se fizermos isso de modo apropriado, as transações ocorrerão naturalmente.

SERIA ISSO MATAR O SEU NEGÓCIO?

A venda transacional e o método Terapia de Vendas® são a antítese um do outro. Não é possível praticar os dois. Para muitos vendedores, a simples ideia de "não se concentrar na transação" parece ridícula. Entretanto, ela é contraintuitiva.

Não se aumenta as vendas concentrando-se exclusivamente na transação. A lógica disso seria que, se você não está vendendo, você não está se concentrando suficientemente no resultado. Muitas pessoas de vendas perpetuam esse mito. Se um vendedor estiver tendo dificuldades, normalmente nos deixamos levar pela crença de que se deve ao fato de ele simplesmente não saber como "fechar um negócio". Essa tese é grotesca. Se alguém não deseja seu produto ou serviço, não importa o quanto você se esforce para "fechar" o negócio. Em um mundo onde os clientes têm acesso imediato ao conhecimento e a uma vasta gama de opções, se eles não quiserem algo, eles não irão comprá-lo. Forçar para "fechar o negócio" irá apenas destruir qualquer relação que você tenha criado anteriormente. Da mesma forma, forçar para "fechar o negócio" não mostrará ao cliente como você pode resolver os problemas dele, quais opções ele tem e onde reside o valor de sua solução. Esses aspectos de uma venda potencial são desenvolvidos muito antes do "fechamento".

Concentrar-se na transação não apenas não garante sucesso como normalmente irá impedi-lo. O vendedor se torna tão focado em conseguir o negócio que acaba deixando de desenvolver a venda apropriadamente.

Não resta dúvida de que em negócios existe uma realidade comercial com a qual todos nós temos que conviver. Entretanto, concentrar-se exclusivamente nas pressões comerciais não é a maneira de ser mais eficaz. Se o foco for exclusivo no cliente e em entender completamente seus problemas e necessidades, então a venda se dará naturalmente. Esta se apresentará como solução para uma situação de um cliente. Portanto, no método Terapia de Vendas® a ênfase passa de fazer uma venda para ajudar as pessoas a comprarem. Essa abordagem é muito mais poderosa e eficaz.

> Os médicos se concentram exclusivamente em seus pacientes e tentam obter um entendimento completo deles durante a consulta. Talvez eles não sejam capazes de ajudar a todos, porém, em muitos casos, os médicos serão capazes de indicar uma alternativa adequada como uma cirurgia. Em geral, confiamos nos médicos, pois o conhecimento e a maneira profissional nos dizem que eles são especialistas. Também confiamos que, caso não possam nos ajudar, eles não nos imporão uma solução inapropriada. Ao contrário, eles nos indicarão um especialista.

Ao vender, devemos agir da mesma forma. Nosso conhecimento e conduta profissional devem nos colocar como especialistas em nosso campo. Isso transparecerá durante nossas conversas com nossos clientes. Se nosso cliente tiver a impressão que sabemos do que estamos falando e que "estamos atuando em prol de seus interesses", conquistaremos sua confiança. Nesse contexto, as soluções por nós oferecidas normalmente serão aceitas, da mesma forma que nos damos por satisfeitos em aceitar as soluções prescritas pelo nosso médico.

Não se trata de ser fatalista. Existem atividades que precisam ser realizadas de modo a se alcançar um dado volume de vendas. Entretanto, muitas dessas atividades ocorrem antes de criarmos uma afinidade com um cliente potencial. Se um otorrinolaringologista atender apenas pacientes com problemas de estômago, não importa a melhor das intenções que ele tenha, ele jamais será capaz de ajudar. Se esse especialista atender apenas dois pacientes por ano, ele jamais conseguirá ajudar um número satisfatório de pacientes. Da mesma forma, devemos garantir que nosso produto ou serviço seja dirigido para o público certo. Também devemos criar um fluxo de oportunidades. Só conseguiremos alcançar nossos objetivos comerciais se nossa campanha for dirigida a um número de pessoas de um público-alvo correto. Assim que fizermos isso, poderemos nos esforçar para melhorar o nosso desempenho. Há uma arte na apresentação de possibilidades e solução de problemas e sempre podemos tentar melhorar.

PLANEJAMENTO PARA O FUTURO

As metas não são atingidas concentrando-se na transação.

Todos nós já passamos pela experiência de alguém que, inadvertidamente, deixa evidente que está colocando a transação em primeiro lugar. Tornamo-nos vítimas do vendedor com um sinal de "$" em seus olhos e não depositamos confiança nele. Não iremos comprar desse tipo de pessoa a menos que acreditemos que não nos resta outra alternativa, o que, no ambiente comercial atual, é pouco provável. Mesmo que venhamos a comprar, não teremos uma boa experiência. É inimaginável que iremos recomendar esse vendedor a outras pessoas ou voltaremos a procurá-lo.

Para um vendedor, colocar-se em uma situação dessas não é comercialmente viável. Em um mundo tão competitivo precisamos prezar nossas relações com os clientes. Precisamos deles para nos recomendar a outras pessoas assim como que eles mesmos façam outras compras conosco. A venda transacional torna esse resultado menos provável.

O contrário também é verdadeiro. Se conhecermos um vendedor que se preocupa apenas com a relação, que acreditamos "estar atuando na defesa de nossos interesses", nós iremos querer comprar dessa pessoa e continuaremos a procurá-lo. Pelo fato de sentirmos que podemos confiar nessa pessoa, estaremos dispostos a recomendá-la para familiares, amigos e contatos comerciais. Se ela não for capaz de nos ajudar e for suficientemente honesta para explicar isso, isso apenas irá solidificar nossa confiança nela. Nessa situação, muito provavelmente iríamos recomendar esse profissional aos nossos contatos como se nós mesmos já tivéssemos usados o seu serviço.

Esquecer a transação e concentrar-se nas relações nos permite conquistar clientes para sempre. Ao "agirmos sempre na defesa dos interesses de nossos clientes", nossa relação com eles se torna uma parceria. Substituímos a consagrada relação de antagonismo entre fornecedor e consumidor em que as partes consideram um ao outro com extrema cautela e o processo de vendas faz lembrar uma luta de boxe, e não uma conversa. Em vez disso, estamos trabalhando juntos para encontrar uma solução mutuamente benéfica.

Desconstruindo o Mito da Venda de Benefícios 4

PARTE I: A MOTIVAÇÃO DO COMPRADOR

Duas motivações humanas fundamentais são:

- Prazer; ser recompensado.
- Dor; evitar perdas.

Um grande número de providências que tomamos pode ser atribuído a esses fatores. Certamente, este é o caso ao examinarmos nossos hábitos de compra. Saímos para almoçar, pois a motivação primária talvez seja ser recompensado; e contratamos um seguro para evitar perdas. Ocasionalmente, esses dois estímulos se aplicam separadamente, porém, normalmente eles se aplicam conjuntamente.

Existem algumas atividades das quais tomamos parte que podem ser explicadas pela motivação de ser recompensado como ir a um *show* de música, à festa de um amigo ou nos presentearmos com um delicioso sorvete de nossa preferência durante as férias. Todavia, isso não tem que ser o caso, já que qualquer uma dessas atividades também poderia ser realizada para evitar perda. Por exemplo, poderíamos ir a um *show* de música por prazer ou iríamos apenas porque nossos amigos lá estarão. A motivação para presenciar o *show* é então uma de não perder algo, ou seja, evitar perda. De forma semelhante, o sorvete poderia ser tomado por puro prazer ou então porque estamos sentindo pena de nós mesmos. No último caso, a motivação se transforma em evitar perda. Obviamente, é bem possível que as duas motivações estejam agindo juntas em qualquer um dos exemplos anteriores.

NOSSA MOTIVAÇÃO PRIMÁRIA

É amplamente conhecido, no mundo da psicologia, que o ato de evitar perda é um motivador mais poderoso do que o de ganhar uma recompensa. Por exemplo:

> Nos dias de hoje, não há muita coisa pela qual estaríamos preparados a renunciar para economizar R$ 10. Para a maioria de nós, esta não é uma grande soma. Entretanto, o que aconteceria caso você colocasse a mão no bolso e se desse conta de que lhe faltam R$ 10? A maioria de nós iria olhar em torno de onde nos encontrávamos, levantando as almofadas do sofá. Iríamos recapitular passo a passo o que fizemos, procurar no carro e até mesmo perguntar a outras pessoas se por acaso encontraram aqueles R$ 10, muitas vezes, num tom de acusação.

A questão é: nós iríamos gastar muito mais energia procurando, e nos preocupando, os R$ 10 perdidos do que em ganhar ou economizar os mesmos R$ 10. Mesmo vários dias após a perda, o fato ainda poderia estar nos perturbando, lá no nosso subconsciente.

A primazia que o evitar uma perda tem sobre o ganhar uma recompensa, pode ser vista em todos os aspectos de nossas vidas:

> Muitos de nós contribuiriam com satisfação para causas nobres como o combate ao câncer. Entretanto, os maiores contribuidores tendem a ser aqueles que perderam amigos e parentes por causa da doença. Não querendo passar por essa experiência de perda novamente, essas pessoas são mais motivadas a fazerem algo a respeito.

Não existe melhor exemplo para ilustrar o papel fundamental que o ato de "evitar perda" exerce sobre nós do que no mundo do trabalho. A maioria das pessoas admite com contentamento que caso ganhassem sozinhos na loteria parariam de trabalhar. Mesmo aquele de nós que não parasse de trabalhar, imporia todo tipo de condição: talvez decidíssemos em não trabalhar às segundas ou às sextas e poderíamos pensar em pelo menos um ou dois clientes que não iríamos mais querer ver pela frente!

A questão é que a maioria das pessoas não vai trabalhar em busca de recompensa. Se esse fosse o caso, ganhar na loteria não faria a mínima diferença. Ter R$ 10 milhões na conta bancária não iria cancelar o salário que recebemos no trabalho, nós ainda o receberíamos. A realidade é que nossa motivação para irmos trabalhar é evitar perda. Se não trabalharmos, não poderemos abastecer nossos automóveis, não conseguiremos pagar a prestação da casa própria, não teremos condições de dar sustento à família, nem sair de férias. Entretanto, caso ganhássemos na loteria e tivéssemos R$ 10 milhões em nossa conta bancária, seríamos capazes de fazer todas essas coisas. Portanto, nosso salário não faria mais diferença.

Trata-se de um ponto importante. Se a maioria de nós vai trabalhar para evitar perda, então, as empresas, por definição, estão cheias de pessoas que não gostam de correr riscos. Por que então que as pessoas, ao venderem, usam benefícios que concerne a ser recompensado? Adotar essa abordagem significa que há uma total discrepância entre a maneira como as pessoas estão vendendo e a maneira como as pessoas compram. É completamente ilógico.

Nos negócios, o motivo principal para uma pessoa comprar novos sistemas de informática não é a de ganhar eficiência. Ela adquirirá tais sistemas para evitar perder dinheiro, deixar escapar oportunidades ou perder participação de mercado para seus concorrentes. Se um de nossos concorrentes estiver se tornando mais eficiente, então nós também temos que permanecer eficientes de modo a continuar na briga. Todas essas questões dizem respeito a evitar perdas. As pessoas no mundo dos negócios raramente compram para obter recompensa. Quase todo mundo nos negócios tem "aversão a correr riscos":

> Todos nós já tivemos clientes com os quais tivemos negociações realmente positivas e que nos deram o sinal verde para prosseguir e fechar o pedido. Passam-se semanas ou meses, período em que eles dão inúmeras desculpas para não confirmar o pedido. Seis meses depois, você recebe um telefonema dizendo que eles não apenas querem ir avante como também precisam disso para ontem! Isso porque eles esperaram até o último minuto, quando não tinham outra opção a não ser fazer a ordem de compra. Esse é um comportamento clássico de pessoas que compram para evitar perdas.

Raramente alguém irá fazer um pedido e solicitar a você para entregá-lo a qualquer momento durante os próximos seis meses. Não é assim que os negócios funcionam. Quando alguém assim o faz, é porque tem que gastar o dinheiro previsto em orçamento de modo a não perdê-lo no ano seguinte. Você, como fornecedor, talvez receba uma ordem de compra mais cedo. Mesmo assim, a motivação do cliente ainda é evitar perda. As empresas não gastam dinheiro a menos que elas achem que devem fazê-lo. Tudo o que fazem é para evitar perdas e não para obter recompensa. Elas preservarão seus caixas até o último momento quando não mais conseguirão administrá-lo ou então simplesmente não gastarão nada.

Não é apenas nos negócios que nossa motivação é evitar perda. Geralmente, também na vida, evitar perda é um fator motivador maior do que a obtenção de recompensa.

A maioria de nós gasta a maior parte de nossas vidas no trabalho, pois, caso não o façamos, não seremos capazes de pagar a prestação da casa própria e sustentar nossas famílias. Pagamos a hipoteca, pois, caso contrário, não teremos um teto sob o qual nos abrigar. Portanto, muitas de nossas compras práticas diárias são desse tipo. Abastecemos nossos carros, caso contrário ele não andará. Compramos pão e leite, caso contrário, não poderemos fazer nosso café da manhã. Até mesmo as compras discricionárias e extravagantes que fazemos têm o evitar perda como fator principal. Adquiriremos artigos para manter o mesmo padrão de nossos amigos ou coisa parecida, de modo a não perder as últimas novidades e tendências da moda. Normalmente, compraremos produtos das grandes marcas de modo a manter o *status* e a reputação que temos ou para nos sentirmos melhor em relação a nós mesmos.

Se, após refletir um pouco, nos damos conta que a maioria das pessoas, durante a maior parte do tempo, faz coisas para evitar perdas, por que se prender ao mito de que devemos vender benefícios, que está totalmente relacionado com obter recompensa?

PARTE II: BENEFÍCIOS NÃO FUNCIONAM

> A venda de benefícios é uma abordagem acreditada pelo modelo transacional.
>
> A venda de benefícios concerne ao vendedor e não ao cliente.

DE QUEM SÃO ESSES BENEFÍCIOS?

Os vendedores, que são treinados segundo esse método de vendas, pensam naturalmente em "seus" benefícios. Os departamentos de *marketing* produzirão literatura defendendo os supostos benefícios que "eles" têm a oferecer. O perigo dessa abordagem é que ela não é focada no cliente. Isso porque existe uma disparidade entre a linguagem do vendedor e o departamento de *marketing* e na forma como os clientes compram.

A principal motivação das pessoas, na maior parte do tempo, é evitar perda e, portanto, suas principais preocupações raramente estão ligadas aos benefícios. Por exemplo, as empresas não fazem compras para se tornarem mais lucrativas. Elas estão mais preocupadas em não desperdiçar dinheiro e não deixar escapar oportunidades. Portanto, poderíamos dizer a um empresário:

"Este aplicativo de software possibilitará que sua empresa otimize seu departamento financeiro e, portanto, seja mais lucrativa."

De modo alternativo, poderíamos dizer:

"Este aplicativo de software possibilitará que sua empresa otimize seu departamento financeiro e, consequentemente, não desperdice dinheiro em processos e pessoal desnecessários."

Desnecessário dizer, já que o segundo exemplo diz respeito à principal motivação do dono de um negócio para comprar algo, que essa última abordagem é a mais poderosa.

Trabalhar tendo em mente os benefícios não pode resultar em uma abordagem focada no cliente, pois não estamos pensando como cliente. O uso de benefícios força o vendedor a usar uma linguagem que os compradores não usam.

Não importa se as pessoas estão comprando para evitar perdas ou obter recompensas; elas sempre compram visando resolver os seus problemas.

Pensar em termos de benefícios não o alinha com essa realidade. Isso significa que você pode acabar trabalhando em um campo teórico que guarda pouca ou nenhuma relação com o seu cliente, pois você jamais será capaz de entender as motivações primárias para a sua compra. Portanto, mesmo que supuséssemos que as pessoas saem para jantar apenas para serem recompensadas, os benefícios ainda não captam a ideia. Vejamos um exemplo:

"La Caseta" é um pequeno restaurante italiano. Ele é o melhor restaurante da cidade, mas, também, o mais caro. Devido a isso, muitas pessoas vão até lá apenas em ocasiões especiais. Os benefícios do restaurante são claros:

- Ele tem a melhor comida, significando que o cliente terá a refeição mais deliciosa possível.
- Ele tem o melhor serviço, satisfazendo todos os caprichos do cliente, significando que ele sempre se sentirá especial.
- Ele tem o melhor ambiente, significando que o cliente sempre desfrutará ótimos momentos.

> Um restaurante, nessa condição, poderia fazer seu *marketing* baseado exclusivamente nesses benefícios. Entretanto, nenhum deles, de pleno direito, dá a motivação inicial para o cliente frequentar o restaurante. O problema subjacente que esse restaurante soluciona para seus clientes, que não têm poder aquisitivo para jantar lá com muita frequência, é:
>
> - Onde eu poderia ir para celebrar uma ocasião especial?
> - Onde eu poderia ir para mostrar a uma pessoa querida o quanto eu a aprecio?
> - Onde eu poderia ir que seja digno daquilo que estou celebrando?
>
> Os benefícios simplesmente se tornam soluções para o problema.
>
> O principal motivo para comprar não será: **"Nós temos os melhores pratos da cidade"**.
>
> O motivador está mais para: **"Como mostrar a uma pessoa querida o quanto eu a aprecio?"**
>
> A solução é então, dar a elas "a melhor comida e serviço em um ambiente maravilhoso". É pensando em termos de problemas que **realmente** começamos a entender as motivações do cliente. O risco de pensar em termos de benefícios é que jamais entenderemos verdadeiramente o principal motivo por trás da compra de um cliente.

Os departamentos de *marketing*, bem como os vendedores, estão cometendo erros como esses todos os dias. Pensar em termos de benefícios significa que os departamentos de *marketing* podem produzir material ineficaz. Para os vendedores, isso resultará na perda de oportunidades.

Ao aceitarmos essa designação errônea, começamos a empregar outro termo tão usado pelos departamentos de vendas e de *marketing* e que também não ajuda em nada. A partir do momento que começarmos a usar o termo "benefícios" também iremos cair na ideia de "necessidades". Da mesma forma que os "benefícios" nos forçam a pensar de uma forma contrária aos nossos clientes, o mesmo acontece com as "necessidades".

Henry Ford uma vez disse: "Se eu tivesse perguntado a meus clientes o que eles queriam, estes teriam respondido: um cavalo mais rápido". O problema com a ideia de "necessidades" é que elas pressupõem que o cliente sabe o que eles querem. Clientes que não estão cientes da gama de possibilidades disponíveis não saberão o que eles mesmos querem. Além disso, certos clientes nem mesmo sabem que eles têm um problema.

Como vendedor, você é o *expert* e o educador. É sua missão explorar novos caminhos com seus clientes. Caso você pressuponha que eles saibam o que querem, estes talvez façam uma compra errada e acabem jogando a culpa em você. Termos como "benefícios" e "necessidades" não são apenas inapropriados; eles são completamente irrelevantes. A única maneira de ser eficaz em vendas ou *marketing* é pensar da mesma forma que o seu cliente. Venda de benefícios não lhe permite fazer isso, mas as pessoas foram doutrinadas com a ideia de venda de benefícios por tanto tempo, que elas acreditam nisso e são deixadas debatendo-se.

LUGARES-COMUNS

"qualidade ou estado de ser monótono ou insípido. Comentário banal, batido ou sem originalidade" (Merriam-Webster)

"comentário ou afirmação que foi usada tantas vezes que deixa de ser interessante ou profundo" (Oxford English Dictionary)

Sem desenvolver uma relação com o cliente, quaisquer promessas feitas soarão como lugares-comuns. Como compradores, já ouvimos todas essas promessas anteriormente. Alguém lhe dizer que algo é o mais barato, o melhor, o mais eficiente, o mais confiável ou o mais seguro, etc. praticamente não tem mais impacto algum. Além disso, é praticamente impossível para um vendedor desenvolver uma boa relação com um cliente baseando-se em benefícios. Os benefícios sempre estarão lá, pela própria natureza do produto ou serviço, o seu destino. Eles são "a terra prometida". Eles não são a realidade que o cliente está enfrentando. Inicialmente, a única maneira efetiva de criar um entrosamento com um cliente é basear a conversa na realidade dele; ou seja, onde ele se encontra hoje. Não é crível iniciar uma conversa baseando-se onde você imagina que pode levá-lo.

Por ser tão atrativa, "a terra prometida" sempre é um lugar longínquo e que incute medo. Ela pode ser desejável, porém, ainda é assustadora. Se fosse fácil lá chegar, o cliente já estaria lá. Além disso, a própria jornada pode apresentar dificuldades. Se um vendedor falar do destino sem tratar das dificuldades da jornada, ele pode ser culpado por deixar escapar preocupações que o cliente guarda consigo mesmo. A solução será incompleta e ele certamente deixará de garantir qualquer negócio.

Ao usar benefícios, existe também o perigo de *mis-selling* ou de *overselling*. As empresas e os vendedores tentam oferecer, um ao outro, mais benefícios a ponto de, inadvertidamente, criarem expectativas irreais segundo a visão do cliente. Essa é uma das razões pela qual muitos de nós se sente desapontado por uma compra feita. Enquanto tentam "demonstrar maiores benefícios" que os concorrentes, os vendedores, muitas vezes, acreditam que chegaram a um "teto de vidro" e não têm mais nada a oferecer. O resultado final dessa "abordagem por benefícios" é que muitas vezes os produtos e os serviços perdem sua diferenciação e acabam virando *commodities*.

CRIANDO OBJEÇÕES

Se alguém me oferecer benefícios e essa pessoa não me conhecer direito, eles soam como lugares-comuns. Então o que acontece?

Não apenas somos compradores sofisticados, mas também somos cínicos. Isso porque, a todo momento, somos bombardeados com toneladas de mensagens publicitárias prometendo maravilhas. Também já passamos por decepções após alguma compra que fizemos. Portanto, enquanto um vendedor está nos oferecendo os "benefícios", nosso estado mental natural é em que buscamos encontrar onde está a cilada. A venda de benefícios não compele o vendedor a adequar os benefícios à realidade de seus clientes. Em vez disso, os benefícios normalmente são o equivalente a se falar da "terra prometida". O resultado é: tudo parece ser muito bom para ser verdade.

A partir do momento que, mentalmente, o cliente começa a procurar onde está a armadilha, começam a jorrar as objeções. A venda de benefícios, pela sua própria natureza, cria objeções e coloca o cliente mentalmente, em um estado defensivo. O processo de vendas começa a ser antagônico. Ele quase simula uma luta de boxe. Enquanto o vendedor golpeia seu cliente submetendo-o aos benefícios, o cliente contra-ataca com objeções. Não são duas pessoas trabalhando em conjunto para chegarem a uma solução; são duas pessoas em lados opostos da trincheira, em contenda.

A venda de benefícios e os lugares-comuns sempre criarão objeções. Eles não apenas criam uma barreira entre o vendedor e o cliente, como também os benefícios não o forçam a se engajar no modo de pensar do cliente. Na realidade, eles normalmente levam ao contrário. Mesmo que um cliente não esteja procurando a cilada, sem um entendimento apropriado de suas motivações de compra e com foco nos benefícios, um vendedor poderá tecer comentários que levam à perda da venda, mesmo que tenham o produto adequado. Por exemplo:

> Uma empresa de *marketing* direto ajuda a alavancar negócios ao apresentar seus clientes a clientes potenciais. Um vendedor da empresa de *marketing* direto tem uma reunião com um cliente potencial. A principal motivação desse cliente para participar da reunião é ver se eles conseguem equalizar os altos e baixos do ciclo de vendas da empresa. O vendedor fala sobre todos os benefícios de usar a sua companhia e como eles poderiam gerar novos negócios. Essa empresa de *marketing* poderia ajudar. Entretanto, o vendedor nunca trata da principal motivação desse cliente potencial. Isso os deixa em dúvida sobre se o vendedor realmente entende o ponto que os aflige.

Além disso, ao falar do volume de negócios que eles podem criar, o vendedor, inadvertidamente, introduz uma objeção. O cliente potencial está buscando apenas um certo nível de negócios em épocas particulares do ano. Durante a reunião eles ficam preocupados se não serão capazes de lidar com o volume de negócios, embora não queiram admitir isso para o representante de vendas. Inevitavelmente, não acontece nenhuma venda, muito embora a empresa de *marketing* tivesse uma solução que teria funcionado.

FAZENDO TUDO IGUALZINHO

A venda de benefícios também fará com que seu produto ou serviço pareça o mesmo do que os dos demais. Isso porque, seja lá qual for a área que estivermos fazendo uma compra, sempre existe um número limitado de benefícios que estamos buscando. Portanto, por exemplo, nos negócios, talvez queiramos um equilíbrio entre as vidas profissional e pessoal, dirigir a empresa de forma mais eficiente, mais lucrativa e estar à frente dos concorrentes. Além disso, não restam tantos benefícios que importem. Portanto, quando as empresas direcionam suas mensagens em termos de ficar repetindo esses benefícios fundamentais, as empresas se tornam idênticas.

Você terá uma reunião matinal com uma empresa de recrutamento e seleção. A essência da "apresentação" deles é que você deverá usá-los para o recrutamento e seleção de seus funcionários e que eles oferecem os seguintes "benefícios":

1 Cuidaremos de toda a parte jurídica para você; assim você economizará um bom tempo e terá um melhor equilíbrio entre sua vida profissional e pessoal.
2 Em vez de ficar passando um pente fino em um monte de currículos durante sua jornada de trabalho, faremos isso de modo que você possa se concentrar em dirigir a companhia, significando um aumento de sua eficiência.
3 Temos uma grande reserva de candidatos e maior probabilidade de encontrar os candidatos certos e preencher a vaga mais rapidamente, significando menos horas extras do quadro atual. Isso, por sua vez, também implicará maior lucratividade para a sua empresa.

4   Nossos candidatos têm grande experiência e muitas ideias de empresas similares a sua e estão dispostos a se desenvolverem e a permanecerem na empresa por mais tempo, tornando sua empresa mais competitiva.

Eles deixam sua empresa e parecem ter chegado a um argumento convincente. O benefício de comissioná-los é o fato de eles lhe proporcionarem:

1   Um melhor equilíbrio entre sua vida profissional e pessoal.
2   Torná-lo mais eficiente.
3   Tornar sua empresa mais lucrativa.
4   Tornar sua empresa mais competitiva.

Que bela firma de recrutamento!

Na tarde desse mesmo dia uma empresa de TI tem uma reunião com você. A essência da "apresentação" deles é que você deve usá-los para suas necessidades de TI e eles lhe trarão os seguintes "benefícios":

1   Iremos administrar proativamente o seu sistema de TI de forma que este raramente fique fora do ar, evitando que você tenha que ficar até altas horas no escritório para resolver problemas de *software*, o que irá lhe poupar um bom tempo e lhe proporcionará um melhor equilíbrio entre sua vida profissional e pessoal.
2   Em vez de ter que ficar eliminando vírus que deixaram o seu sistema lento e de verificar *e-mails* para erradicar *spams*, faremos isso para que você possa se concentrar em dirigir a empresa. Você poderá trabalhar mais rápida e arduamente, tornando-o mais eficiente.
3   Monitoraremos remotamente, de forma ininterrupta, o seu sistema de administração de computadores, permitindo uma drástica redução no *downtime* administrativo e para um trabalho mais inteligente, significando maior lucratividade para a sua empresa.
4   Nosso pessoal de TI tem ampla bagagem de outros setores e está capacitado para lhe recomendar os programas mais recentes de modo que sua empresa esteja um passo à frente da concorrência, tornando sua empresa mais competitiva.

Eles deixam o seu escritório e também parecem ter chegado a um argumento convincente. O benefício de comissioná-los é o fato de eles lhe proporcionarem:

1   Um melhor equilíbrio entre sua vida profissional e pessoal.
2   Torná-lo mais eficiente.
3   Tornar sua empresa mais lucrativa.
4   Tornar sua empresa mais competitiva.

Você já não ouviu isso hoje em alguma outra ocasião?

Qualquer sistema de vendas capaz de fazer uma firma de recrutamento e seleção e uma firma de TI parecerem a mesma coisa é ridículo. Em um mundo onde todos nós estamos lutando para se destacar em relação à concorrência, a venda de benefícios atinge exatamente o oposto.

Usando este método, você não apenas parece com os seus concorrentes. Você ficará parecendo com todo o mundo.

O mito da venda de benefícios já persiste por muito tempo. **Para os seus clientes, não existem benefícios, apenas problemas e soluções.** Esperamos que, de uma vez por todas, essa lenda tenha sido finalmente sepultada.

Pare de Usar Benefícios – Comece a Usar Problem Maps™ 5

Para que possamos ter uma ajuda em termos de compreender nossos clientes, precisamos reconhecer os problemas que resolvemos para eles. Toda compra resolve um problema. Portanto, se trabalharmos em termos de problemas que resolvemos para eles, em vez dos benefícios que podemos oferecer, conseguiremos clareza em nossas mensagens de venda. Somente através da definição dos nossos produtos ou serviços em termos de problemas solucionados é que poderemos assegurar que estaremos completamente focados no cliente. Isso porque, ao adotarmos tal abordagem, sempre estaremos trabalhando em termos daquilo que motiva nosso comprador.

Pelo fato de todos os consumidores e empresas possuírem um volume finito de recursos disponíveis, eles irão priorizar suas compras. Algumas delas acontecerão regularmente como alimentos ou material de escritório. Outras compras talvez sejam raras, como adquirir um carro ou uma casa. A rapidez com que lidamos com os problemas normalmente será determinada pelo risco envolvido na compra. Em geral, quanto maior a percepção de risco, mais longo será o ciclo de vendas. Isso se deve a duas razões:

1   Se tivermos uma percepção de que o risco é grande, então ficaremos mais preocupados de não cometermos um erro. Portanto, talvez compremos um sofá para nossa sala apenas algumas vezes em nossas vidas, e isso será um artigo significativo em termos de nossos recursos. Consequentemente, pelo fato de termos que con-

viver por um longo tempo com a decisão que tomarmos, tomaremos muito cuidado para não tomar a decisão errada.

2   Quanto maior o risco e mais importante for a decisão, há maior probabilidade de um número maior de pessoas estar evolvido no processo. A maioria de nós comprará, com grande prazer, uma barra de chocolate sem perguntar a ninguém, pois as ramificações da compra são pequenas. Entretanto, se uma empresa estiver adquirindo novo *software*, esta compra poderá impactar uma série de pessoas e departamentos diversos. Pode ser que haja um desembolso significativo na compra do *software*, bem como no treinamento do pessoal para que possa utilizá-lo. Pode existir também um impacto na maneira como as pessoas trabalham. Consequentemente, talvez haja muitas pessoas envolvidas na decisão.

De modo similar, se um casal estiver pensando em se mudar de casa, é provável que cheguem a uma decisão conjunta. Além disso, pode ser que eles peçam a amigos de confiança ou à família para que estes também se envolvam no processo e lhes dê conselhos.

Quanto maior for o número de pessoas envolvidas em uma decisão, mais tempo ela levará para ser tomada. Isso porque, logisticamente, leva mais tempo para se ter a participação de todos e, normalmente, deve-se chegar a um consenso. Na realidade, pelo fato de, na maior parte do tempo, todos nós sermos mais motivados por evitar perda do que pela obtenção de recompensa, raramente iremos tomar providências em relação a um problema até que não nos reste outra opção. Portanto, a empresa não irá comprar o *software* até que o custo e os problemas apresentados por não adquiri-lo sejam maiores do que aqueles caso fizéssemos a compra. De modo semelhante, as pessoas postergarão uma decisão de se mudar de casa e somente farão isso quando as consequências de não se mudar forem muito mais graves do que fazer a mudança.

Em última instância, as pessoas fazem compras para resolver problemas. Ou o problema começa pequeno e cresce até o momento em que alguma medida tem que ser tomada, ou então até que sejam obtidos os recursos financeiros, de modo que uma providência possa ser tomada. De modo alternativo, podem surgir problemas e as decisões terão que ser tomadas imediatamente. Por exemplo, se começar a vazar água de seu teto, provavelmente você irá chamar alguém para consertá-lo imediatamente. Algumas vezes o risco em solucionar o problema talvez seja tão pequeno, ou o recurso necessário tão pequeno, que tomar providências imediatas não apresenta ramificações em longo prazo. Por exemplo:

1   Jim vai ao supermercado para fazer sua compra semanal. Na gôndola estão expostos abacaxis suculentos. O display do ponto de venda transmite a ideia de novas possibilidades para Jim. Ele não estava ciente da existência desses abacaxis. Jim adora essa fruta e elas estavam com um aspecto e aroma deliciosos. Imediatamente, seu problema passa a ser o de não querer perder uma oportunidade. O valor da compra é tão irrisório que ele toma imediatamente uma decisão e compra o abacaxi, mesmo esse não fazendo parte de sua compra semanal usual.
2   Sarah e Jim têm um carro pequeno e estão esperando o primeiro filho. Eles estão cientes de que terão um problema quando o bebê nascer, pois não haverá espaço suficiente para caber todos os apetrechos do bebê no carro atual. Na época, eles acharam que não tinham os recursos necessários para comprar um carro novo, mas começaram a trabalhar efetivamente para incluí-lo em seus planos futuros. Além disso, o problema é pequeno, já que o bebê ainda não nasceu.
3   Quando o bebê nasceu, Sarah e Jim perceberam que estavam se matando para fazer caber no carro as compras de supermercado, o bebê, o carrinho de bebê etc. À medida que o problema foi crescendo, Sarah e Jim reconheceram que não poderiam mais adiar a compra de um novo carro. Quando começaram efetivamente a procurar um carro novo, investiram um bom tempo navegando na internet, pesquisando em jornais, perguntando a amigos e visitando lojas. Segundo eles, essa compra apresenta um risco relativamente alto e eles pretendem ficar com esse novo carro por um bom tempo e ele será caro. Eles também terão que chegar a um acordo quanto ao carro e, portanto, será um meio-termo entre suas diferentes prioridades.

PROBLEMAS E VALOR

Em uma venda de baixo valor ou risco, um cliente talvez tenha que reconhecer apenas um pequeno problema para justificar uma compra. O único problema de Jim ao comprar o abacaxi era o de perder uma oportunidade. Entretanto, em uma venda de alto valor ou risco, na cabeça do consumidor normalmente um único problema não é o suficiente para justificar uma compra. Serão alguns problemas em combinação e as questões resultantes provocadas por esses que farão uma compra parecer imperiosa.

Para Sarah e Jim, o problema inicial era que o carro era muito pequeno. Como consequência disso, toda jornada se tornou um verdadeiro suplício e que consumia muito tempo, já que eles têm que encontrar uma maneira de fazer tudo caber no carro. Isso pode significar que eles não poderão levar consigo tudo o que desejam. Eventualmente eles poderão se dar conta de que o bebê precisa de algo que eles decidiram deixar para trás. Consequentemente, viagens programadas de vários dias se tornam difíceis, já que muitas vezes eles se veem em dificuldades e importunados. Resultado de tudo isso: raramente eles fazem longas viagens ou passeios. Pode ser que o problema inicial não tenha se mostrado tão grande assim para justificar a compra de um novo carro. Entretanto, os inconvenientes que esse problema inicial provoca começam a fazer com que essa compra valha mais a pena do que parecia inicialmente.

Caso eles tivessem ido a uma revenda de carros para verificar o que havia de disponível, antes de seu filho nascer, eles ainda não teriam esse entendimento da questão e, provavelmente, não teriam comprado o carro. Entretanto, um vendedor que captasse a problemática de ter um carro pequeno e os problemas resultantes de ter um recém-nascido a bordo poderia ter alterado o nível de consciência deles sobre a situação. Esse vendedor, ao explorar os problemas, demonstraria a Sarah e Jim que haveria mais valor em uma compra antecipada do que eles imaginavam. Ao apresentar possibilidades e solucionar problemas, o vendedor poderia ter concretizado uma venda que outros não teriam.

Ao longo do tempo, Sarah e Jim comprarão um carro de qualquer maneira, mas quem sabe eles não teriam que ter passado pelo sofrimento que viveram antes de terem feito a compra.

Para que as pessoas envolvidas com vendas entendam onde eles agregam valor, não basta conhecer os problemas que elas solucionam.

Eles também têm que compreender as consequências que serão provocadas por esses problemas. Somente então que se poderá constatar o valor que alguém agrega e em benefício de quem.

DESENVOLVENDO A CONVERSAÇÃO

É impossível criar uma boa relação com um cliente tomando como base os benefícios. Eles apenas soarão como lugares-comuns e promessas vazias. É muito mais fácil desenvolver conversações e a relação em torno de problemas; assim você envolverá o cliente em torno da realidade atual dele. Você estará, inevitavelmente, tratando das questões e preocupações de seu cliente. Você também estará agregando valor caso apresente ideias sobre as quais eles não pensaram antes. Você não está iniciando uma conversa com base em soluções (a terra prometida – o destino deles) mas, sim, uma conversa em torno de problemas que eles conseguem entender facilmente (a situação deles atual).

Não se pega um avião cujo voo é Londres-Nova Iorque em Nova Iorque, pega-se esse avião em Londres e este transporta seus passageiros para Nova Iorque. Da mesma forma, não é lógico iniciar uma conversa pelo seu destino (coisa que a venda de benefícios faz). Inicia-se no ponto onde o cliente se encontra hoje (suas motivações de compra – problemas) e, depois, juntos, vendedor e comprador, partem em uma jornada.

Se um vendedor capta apenas os problemas óbvios que ele resolve, ele não será capaz de concretizar uma venda. A conversa será muito superficial, assim como serão as perguntas que o vendedor fará. Além disso, como normalmente os problemas óbvios são mais do que patentes, também é menos provável que o vendedor irá agregar algum valor para o seu cliente ao explorar áreas que o cliente não havia considerado anteriormente. Apenas quando um vendedor tiver uma compreensão profunda, não apenas dos problemas óbvios, mas também de suas implicações, que poderá se dar uma conversa interessante e valiosa.

INTRODUÇÃO AO PROBLEM MAPS™

Problem Maps™ é, literalmente, uma forma de mapear os problemas e consequências que um produto ou serviço soluciona. De modo a conseguir clareza em nossas mensagens de vendas, precisamos entender os problemas que resolvemos e as implicações provocadas por esses problemas. Através desse entendimento, torna-se muito mais fácil:

1. **Reconhecer se um produto ou serviço é economicamente viável ou não.** Isso pode ser feito quando se é capaz de visualizar imediatamente a gama de problemas para resolvermos. A partir disso, fica fácil considerar se esses problemas são urgentes (e para quem) e se podemos ou não vender a solução a um preço que compense para o cliente.
2. **Produzir material de *marketing* cativante.** Um Problem Map™ nos mostra as motivações de um comprador. Podemos, portanto, produzir material tomando como base essas motivações.
3. **Manter conversações significativas com os clientes.** Pelo fato de termos um entendimento apropriado de onde agregamos valor, saberemos sobre quais áreas deveremos discutir com o nosso cliente para determinar se temos ou não uma solução para eles.

Portanto, o Problem Map™ é um mecanismo que nos permite compreender os problemas que solucionamos e as implicações que tais problemas provocam. Ele encoraja uma pessoa a pensar sobre as motivações do comprador. Ele permite que se consiga, de forma rápida e fácil, entender o sem-número de áreas que um produto ou serviço cobre e onde eles realmente poderão agregar valor. A partir disso, poder-se-á aclarar as próprias mensagens de vendas. Não se trata de algo a ser realizado apenas uma vez, mas sim um exercício que precisa ser repetido de forma consistente. A frequência que se deve produzir um novo Problem Map™ dependerá da velocidade com que seu particular mercado evolui. Os vendedores que regularmente estão conversando com clientes serão os primeiros a reconhecerem o surgimento de novos problemas. Da mesma forma, um problema que alguns meses atrás era uma razão premente para efetuar uma dada compra, ao longo do tempo, pode se tornar irrelevante. Por essa razão, o Problem Maps™ precisará ser atualizado com frequência.

CRIANDO UM PROBLEM MAP™

Se possível, é mais fácil criar um Problem Map™ junto com algumas pessoas do que tentar fazê-lo por conta própria. O Problem Map™ é, em muitos aspectos, como uma sessão de *brainstorming*. Em um mundo ideal, o Problem Map™ será suportado por conversas com clientes existentes e pesquisa de mercado. Obviamente, aquelas pessoas de uma empresa que conversem regularmente com seus clientes talvez sejam capazes de produzir um excelente Problem Map™ baseado na experiência dos clientes que eles já têm.

Para produzir um Problem Map™ é melhor usar uma folha com tamanho A1 ou uma grande lousa. Caso opte pela folha A1, vire-a horizontalmente. Ao longo da linha superior poderíamos ter problemas principais que você pode resolver para seu cliente. Cada um desses problemas principais **deve** ser diferente dos demais. Abaixo de cada problema principal, poderíamos ter três consequências que este provocará. Embora essas três consequências devam ser diferentes entre si, não há problema algum se elas se sobrepuserem com consequências em outra coluna. Uma dada consequência que apareça várias vezes indica que ela é importante. O resultado desse exercício é um mapa com no máximo 16 problemas. É de se esperar uma certa sobreposição entre as consequências nas diferentes colunas e, portanto, é improvável que existirão 16 problemas diferentes. Por exemplo, na Tabela 5.1 figuram 14 problemas distintos.

Tabela 5.1: Exemplo de um Problem Map™ para uma empresa fictícia de recrutamento e seleção, a Fictional Recruitment.

	Problema principal 1	Problema principal 2	Problema principal 3	Problema principal 4
Problema principal	Estou à procura de um candidato adequado e não consigo encontrar ninguém.	Estou muito ocupado para assumir todo o processo de recrutamento e seleção.	Jamais serei capaz de, sozinho, atingir candidatos de todo o mercado.	Preciso de alguém já e não posso esperar pela realização de todo o processo; por exemplo, propaganda etc.

(continua)

(continuação)

Problema resultante 1	O moral no escritório diminui, pois todo o pessoal está sobrecarregado.	Os negócios são afetados, já que estou tentando assumir um número muito grande de atividades.	Leva muito mais tempo do que deveria para encontrar alguém.	Talvez eu perca clientes que eu tenha decepcionado.
Problema resultante 2	Comecei a perder clientes que eu decepcionei, já que estávamos com menos recursos do que o necessário.	Oportunidade/custo. Está me saindo uma fortuna realizar o processo de recrutamento, pois estou deixando de ganhar com meus clientes durante esse período.	Talvez eu não contrate a melhor pessoa disponível para o cargo (pode ser que a concorrência consiga contratar essa pessoa).	Minha vida pessoal está sendo afetada, já que estou tendo que fazer duas funções ao mesmo tempo.
Problema resultante 3	Os lucros estão sendo afetados já que estamos tendo que pagar horas extras (mais caras) para o nosso pessoal.	Minha vida pessoal está sendo prejudicada já que estou tendo que ficar mais tempo no escritório para conseguir fazer todas as coisas.	Elevado desgaste, já que faço concessões e entro em acordo com os candidatos e, em última instância, contrato as pessoas erradas.	Perda de reputação já que não somos capazes de cumprir nossas promessas.

Nosso Problem Map™ ajuda os funcionários da Fictional Recruitment a compreenderem onde eles agregam valor. A Fictional Recruitment cobra 20% do primeiro salário anual do candidato contratado como taxa de serviço. Um cliente potencial que deseja recrutar e contratar um funcionário para um cargo com salário anual de R$ 30.000 talvez não veja como algo que justifique os R$ 6.000 cobrados nos problemas principais isolados. Entretanto, à medida que vemos as consequências que os problemas principais nos trazem, os R$ 6.000 não parecem mais ser uma grande soma. Perder a reputação, clientes ou colocar muita pressão na vida pessoal de alguém, são consequências que podem fazer com que os R$ 6.000 pareçam um bom investimento.

A Tabela 5.1 é um Problem Map™ típico. Pode-se observar que todos os problemas principais são diferentes entre si, assim como os três problemas resultantes dentro de cada coluna vertical individual. Entretanto, não há problema algum se os problemas resultantes aparecerem em mais do que uma coluna. Podemos observar que a perda de clientes e o estresse na vida pessoal de alguém aparecem em mais de uma ocasião.

Com o entendimento que o Problem Map™ nos traz, será muito mais fácil se entrosar com um cliente. Usando o Problem Map™, o vendedor não terá uma conversa batida em torno dos serviços por ele oferecidos, mas, sim, será capaz de explorar áreas que provavelmente preocupam o cliente. Essas, por sinal, serão as áreas em que eles poderão realmente agregar valor.

Ao trabalhar em um Problem Map™ deve-se não apenas se limitar a problemas práticos. Por exemplo, caso esteja preparando um Problem Map™ para uma loja de moda feminina de grife, alguns de seus problemas serão de ordem emocional. Talvez você possa ajudar pessoas a resolverem problemas relacionados com *status* e aspirações. Algumas lojas também poderiam resolver um problema de deslocamento afetivo. Dependendo do negócio, talvez você esteja disposto a explorar os problemas emocionais que você é capaz de resolver. Afinal de contas, existem marcas que, quase exclusivamente, resolvem problemas emocionais. Pense nas marcas de relógios de pulso e de carros de luxo. Nos dias de hoje, não é necessário uma marca de grife em um relógio para ter a hora exata nem em um carro para que ele ande bem. Entretanto, assim talvez possamos estar deixando de captar a ideia da coisa. As marcas de luxo resolvem problemas emocionais que as demais não conseguem.

Elaborar apenas um Problem Map™ talvez não seja suficiente. É preciso ter um Problem Map™ distinto para diferentes situações nas quais clientes potenciais que, no momento, não possuem uma empresa que forneça serviços de recrutamento e estejam eles próprios realizando todo o processo. Entretanto, a Fictional Recruitment talvez também queira anunciar e vender os seus serviços para aquelas empresas que já possuem um fornecedor desse tipo. Eles teriam então que criar um Problem Map™ distinto, baseado nos problemas que clientes potenciais possam ter com seu fornecedor atual. Da mesma forma, muitas empresas não vendem exclusivamente a usuários finais, ao passo que outras nem mesmo lidam com o usuário final. Tais empresas iriam precisar de um Problem Map™ que examinasse os problemas que distribuidores ou terceiros, que fizessem a apresentação de candidatos, possam ter. Em última instância, o número de Problem Maps™ necessários dependerá da variedade dos diversos públicos para quem você anuncia e vende seus produtos ou serviços.

Tabela 5.2: Um segundo exemplo de Problem Map™ produzido por nossa empresa imaginária, a Fictional Recruitment, para clientes potenciais que já possuem um fornecedor.

	Problema principal 1	**Problema principal 2**	**Problema principal 3**	**Problema principal 4**
Problema principal	**Não estou vislumbrando a quantidade de candidatos que esperava.**	**Indicam-me muitos candidatos inapropriados.**	**O processo todo está demorando muito.**	**Estou satisfeito com o serviço, mas os negócios correm risco, já que estou demasiadamente dependente desse único fornecedor.**
Problema resultante 1	Está levando muito tempo para encontrar a pessoa certa.	Está me custando dinheiro, já que estou desperdiçando meu tempo em entrevistas que não levam a nada.	Os lucros estão sendo afetados, já que estamos tendo que pagar horas extras (mais caras) para o nosso pessoal.	Caso eles venham a me decepcionar, isso terá um efeito adverso em meus próprios clientes.

(continua)

(continuação)

Problema resultante 2	Meu desgaste está sendo maior do que deveria ser, pois estou tendo que fazer concessões àquelas pessoas que contrato.	Minha vida pessoal está sendo afetada, já que estou despendendo mais tempo com entrevistas do que deveria e, portanto, me matando para conseguir fazer tudo o que preciso.	O moral do pessoal anda baixo, pois eles têm que fazer muitas horas extras para conseguir cobrir a falta de pessoal.	Eu ficaria totalmente dependente de horas extras do pessoal atual, fato este que prejudicaria terrivelmente as margens de lucro da empresa.
Problema resultante 3	O prazo de cumprimento dos serviços está sendo prejudicado, já que não estou conseguindo as melhores pessoas para o cargo.	Os negócios estão sendo afetados negativamente, já que estou despendendo mais tempo em recrutamento do que deveria.	Estamos decepcionando os clientes, já que estamos trabalhando além das nossas possibilidades por mais tempo do que o previsto.	Os negócios seriam prejudicados, já que eu teria que "apagar incêndios" me afastando de outras atividades.

PORTANTO, POR QUE NÃO "MAPAS DE BENEFÍCIOS"?

Não seria razoável se alguém treinado em termos de benefícios decidisse fazer um mapa de benefícios. Entretanto, isso não seria nada útil. Toda compra soluciona um problema. O propósito, portanto, é entender as motivações do comprador quando este adquire um produto ou serviço. Os benefícios por si só não têm sentido. Eles são apenas uma vantagem que um produto ou serviço tem, que é completamente irrelevante para o comprador. Tais benefícios se tornarão relevantes apenas se eles solucionarem um problema. Nesse ponto, eles já não são mais um benefício, são uma solução.

Pelo fato de os benefícios não se tratarem de motivações dos compradores, trabalhar com benefícios acaba sendo genérico e não ajuda em nada. Imaginemos, por exemplo, realizar um Problem Map™ para dois tipos diferentes de restaurantes.

Quickie Burger é um fast-food que serve hambúrgueres. Entre os problemas que ele soluciona, temos:

- Fazer uma refeição rápida.
- Comer fora de forma barata.
- Necessidade de deslocamento afetivo para as crianças.

La Caseta é um restaurante caro e para ostentação. Entre os problemas que ele soluciona, temos:

- Celebrar ocasiões especiais.
- Necessidade de impressionar um cliente ou possível parceiro.
- Necessidade de deslocamento afetivo para adultos.

As pessoas terão motivações diversas para irem a esses dois estabelecimentos completamente diferentes. Portanto, o Problem Map™ para cada um deles provavelmente será muito diferente. Embora alguns dos benefícios de ir a um dos dois restaurantes irão variar, é perfeitamente possível que eles usarão muitas das mesmas alegações. Por exemplo:

- Ambos poderão alegar o benefício de usarem ingredientes de ótima qualidade, resultando em comida de ótima qualidade.
- Ambos poderão alegar que seus clientes poderão desfrutar de um ambiente agradável.
- Ambos poderão alegar ótimo atendimento ao cliente.

Um mapa de benefícios, caso existisse tal coisa, seria muito menos contundente em suas diferenças do que seu equivalente a um Problem Map™. Qualquer sistema de vendas que apresentasse esses dois estabelecimentos, muito distintos entre si, em termos similares, seria, na melhor das hipóteses, de nenhuma ajuda e no pior caso, uma verdadeira estupidez.

Analisando-se apenas os problemas consegue-se chegar ao cerne da motivação do comprador. Portanto, somente examinando os problemas poderemos realmente começar a entender o valor que eles oferecem e quem serão os beneficiados.

COMPREENDENDO OS PROBLEMAS IMPLÍCITOS E EXPLÍCITOS

Ainda falta uma peça do quebra-cabeça quando se fala em termos de problemas. Sem esse entendimento, sua venda através de problemas poderá ser, literalmente, um verdadeiro desastre.

> Em 1959, no Reino Unido, foi veiculado um famoso comercial de cigarros da marca "Strand". Sua notoriedade é atribuída ao fato de ele ter sido aclamado como um dos comerciais de TV de menor sucesso jamais produzido. O comercial apresentava um sósia de Frank Sinatra acendendo um cigarro em uma rua deserta com uma trilha sonora romântica de fundo e os dizeres: "Você jamais está sozinho com um Strand". Mas que romântico, não é mesmo?
>
> **O que aconteceu?**
>
> O público adorou o comercial! Devido aos pedidos do público, a trilha sonora intitulada "The lonely man theme" (tema do homem solitário) foi lançada como um compacto simples e alcançou a 39ª posição no hit-parade britânico. Da mesma forma, aquele sósia do Sinatra acabou se transformando em um famoso ator britânico.
>
> **Afinal, o que deu errado?**
>
> Fumar nos anos 1950 era um hábito social; algo que se fazia entre amigos e colegas. Como resultado do comercial, o público associou os cigarros "Strand" à solidão. As vendas da marca foram um fracasso e rapidamente ela foi retirada do mercado.

O EFEITO DESODORANTE

De modo a podermos entender o que deu errado com a campanha dos cigarros "Strand", precisamos introduzir a ideia que denominamos de "o efeito desodorante".

Se você tiver entendido e aceitado a essência do Problem Maps™ e estiver vendendo um desodorante masculino, seria razoável pressupor que um dos problemas que esse desodorante resolve é impedir os odores desagradáveis da transpiração masculina. Se você levar as instruções para criação de Problems Maps™ ao pé da letra, você poderia ser perdoado por contratar uma campanha publicitária com a seguinte chamada: "Você cheira mal?" ou "Você acha que ninguém quer se aproximar de você?"

Talvez essas sejam uma cópia piorada da propaganda dos cigarros "Strand". A razão para esse fracasso talvez seja a mesma dos cigarros "Strand". Ao ser explícito demais em relação a um problema, seu produto ou serviço correm o risco de serem associados ao problema e não à solução. Portanto, se uma marca de desodorantes tivesse que fazer propaganda nos termos descritos anteriormente, a implicação seria: qualquer um que compre esse desodorante expele odores ruins pela transpiração e ninguém quer se aproximar deles. Portanto, ninguém iria querer comprar esse desodorante, pois comprá-lo indicaria que a pessoa que o fizesse estaria passando por um dos problemas citados acima.

Os fabricantes de desodorantes não cometem esse erro. O que eles normalmente fazem é deixar implícito o problema de alguma maneira, sem ser muito explícito.

Por exemplo, um homem nada provocante poderia estar descendo a rua sem chamar muito a atenção para si. Com um borrifo do desodorante, ele repentinamente passa a receber insinuações de atraentes mulheres. O problema de não ser capaz de atrair o sexo oposto não é mencionado explicitamente de forma alguma. Na realidade, o contrário é verdadeiro. Esse desodorante agora passa a ser associado com o sucesso no que tange a atrair o sexo oposto. O problema, porém, está implícito na propaganda e, portanto, toca nas reais motivações de compra de um possível cliente.

Alguns comerciais fazem o oposto. Eles mostram diretamente o problema, mas, de forma tão intensa e forçada, que é implausível que alguém possa ter tal problema nesse nível. Embora isso possa ser potencialmente mais perigoso, se bem executado, atinge-se o mesmo efeito. Isto é, o problema é implícito sem incriminar o possível comprador.

Portanto, em uma conversa reservada com um cliente, talvez o vendedor possa ser mais explícito em relação aos problemas. Isso é particularmente verdadeiro à medida que a relação for se desenvolvendo. Entretanto, ainda assim deve-se tomar cuidado. Em uma conversa um-para-um, exemplos de outras pessoas ou empresas que foram ajudadas previamente podem ser muito úteis. Permite que um vendedor trate do problema sem explicitamente insinuar que o cliente com o qual estão falando diretamente no momento está tendo o mesmo problema. Como ser muito direto algumas vezes dá uma sensação de acusação ou de ameaça, esse pode ser um instrumento muito eficaz.

Quando a comunicação se dá em público, como materiais de propaganda ou de pontos de venda, será muito improvável que o problema possa ser mencionado de forma explícita, a menos que você vá solucionar um problema que as pessoas não se importem de admitir publicamente. Embora possam existir exemplos desses casos, estes são muito raros. A partir do momento em que sua mensagem de vendas já estiver em domínio público, a regra prática normalmente será insinuar o problema sem torná-lo demasiadamente explícito. Isso normalmente envolve mostrar um caso bem-sucedido (uma solução para o problema), mas não mostrar o problema em si, como no exemplo do desodorante. Porém, não se trata de venda de benefícios já que:

- O sucesso tem que estar diretamente relacionado a um problema que nós somos capazes de ajudar a resolver.
- O problema, embora de forma comedida, deve estar implícito. Em certas propagandas de extremo sucesso isso pode ser muito sutil, mas está lá.

Os Problem Maps™ são a melhor maneira de conseguirmos clareza em nossas mensagens de venda. A forma como as informações obtidas serão então executadas irá depender do ambiente em que se está operando. É preciso refletir muito nesse processo para termos uma garantia de sucesso.

Por que a "USP" o Impede de Vender? 6

Em 1961, Rosser Reeves, presidente da agência de propaganda americana, Ted Bates & Company, exprimiu ao mundo o conceito de "USP" em seu livro *Reality in Advertising*. Nele, ele explicou que a *"Unique Selling Proposition"*[1] era um benefício, e exclusividade sua, que iria atrair novos clientes.

Desde então, ela tem sido empregada de forma totalmente errada. Ao longo dos anos, muitas pessoas interpretaram incorretamente a "USP" como tendo o seguinte significado: por que eu sou diferente? Obviamente essa não é a mesma pergunta. Você poderia ser o mais alto corretor de seguros do mundo. Embora isso o torne único, não é um benefício para seus clientes e é pouco provável ser uma razão para as pessoas desejarem usar seus serviços. O simples fato de ser diferente não é o mesmo que ter uma "USP".

A essência da "USP" é importante, isto é, o que é único em relação ao meu produto ou serviço que irá atrair novos clientes? O caminho que se trilha para se chegar a uma conclusão é vital. O problema com a "USP" é que ela canaliza o seu pensamento da forma errada. Isso o impede de produzir a oferta mais atrativa disponível. Em última instância, trata-se da pergunta errada a ser feita.

Qualquer benefício que você possa apresentar que seja uma exclusividade sua, e que irá atrair novos clientes, provavelmente será copiado, e rápido. Isso é particularmente verdadeiro nos dias de hoje já que

---

[1] NT: Benefício ao consumidor, utilizado como argumento de vendas. Exemplo: RQ (Reserva de Qualidade). Oferta *sui generis* para venda de um produto. Fonte: *Dicionário de Termos de Marketing*, Ed. Atlas.

existem, mais do que nunca, mais empresas fornecendo produtos e serviços similares. Nesse ambiente existirão outras companhias, similares a sua, capazes de facilmente clonar sua "USP".

O acesso às informações também faz uma diferença. Vivemos em um mercado global com ritmo tão alucinante, em que tudo está na internet e as pessoas podem comparar e contrastar rápida e facilmente. Há anos atrás, quando a disseminação da informação não era tão rápida ou fácil, talvez levasse mais tempo para uma "USP" ser copiada. Hoje em dia, isso pode acontecer quase instantaneamente. Além disso, os limites geográficos significavam que várias empresas poderiam oferecer a mesma "USP", mas essa seria única para seus públicos individuais em suas áreas particulares. Hoje em dia, muito frequentemente, esse não é mais o caso. Existem muitos produtos e serviços disponíveis onde a localização não tem importância alguma e a internet nos oferece os meios para aprovisionamento não apenas no território nacional, mas em escala global.

FAZENDO UMA PERGUNTA MELHOR

A "USP" nos faz perguntar:

"Que benefício único podemos prometer que atrairia novos clientes?"

Esta é a pergunta errada.

A pergunta que deveria ser feita é a seguinte:

> "Por que me encontro numa posição única para solucionar o problema?"

A diferença entre essas perguntas
Toda compra resolve um problema. Baseados em nosso Problem Map™, sabemos quais problemas resolvemos para nossos clientes. Perguntar a nós mesmos "por que nos encontramos numa posição única para solucionar o problema?" nos mantém pensando como os nossos com-

pradores e sobre suas motivações e, dessa forma, iremos garantir que estaremos alinhados com suas preocupações. Ela nos força a analisar a nós mesmos, nosso produto ou serviço e o mercado. Ou seja, adotamos uma visão tridimensional. Ao fazê-lo, é mais provável que criaremos uma oferta que seja original e que tenha fundamento.

Por outro lado, a "USP" nos pede apenas para pensarmos em termos de benefícios. Essa forma não trata das motivações de compra. Pensar em termos de benefícios não nos força a ver nosso produto ou serviço segundo a ótica do cliente. Portanto, será menos provável que uma empresa irá idealizar algo realmente convincente.

O perigo de buscar um benefício exclusivo que irá atrair novos clientes é o fato de ele nos impelir a vermos nosso produto ou serviço de uma forma extremamente unidimensional. Nas Tabelas 5. 1 (página 61) e 5.2 (página 64) montamos dois Problem Maps™ para uma empresa de recrutamento e seleção. Pelo fato de serem fictícios, os mapas não são necessariamente genéricos por natureza e, consequentemente, poderiam ser aplicados a praticamente todas as empresas de recrutamento. Buscar um benefício único para que possamos oferecer aos clientes nos encoraja, erroneamente, a focarmos em nosso produto ou serviço e não no cliente, e a pensarmos em termos do que mais poderíamos oferecer. Mesmo que idealize algo que valha a pena, por termos adotado uma visão unidimensional, há grandes chances de que nossa ideia seja superficial e, portanto, fácil de ser copiada. Daí, nossa exclusividade desaparece mais uma vez. Podemos observar esse padrão se repetindo em vários segmentos de mercado à medida que eles vão cada vez mais se tornando *commodities*.

Consequentemente, é preferível fazer nossa pergunta alternativa: "Por que me encontro numa posição única para solucionar o problema?" é perfeitamente possível, caso peguemos um exemplo menos genérico do que a Fictional Recruitment, que teríamos um único ponto de vista ou ideia. Entretanto, ao fazermos tal pergunta, seremos encorajados a ver nosso produto ou serviço não apenas sob um único ângulo. A pergunta nos força a pensar também em nosso cliente. Não tentamos apenas acrescentar benefícios adicionais ao nosso serviço de recrutamento; começamos a examinar outras possíveis áreas produtivas.

Portanto, pode ser que nossa experiência prévia fosse na área de contabilidade. Talvez também possamos atender, pelo fato de ser uma empresa formada apenas por duas pessoas, empresas em um raio de 80 km de nosso escritório. Entretanto, por sermos nativos da região, podemos agregar ao nosso trabalho todo um conhecimento da região. Então, "Por que me encontro numa posição única para solucionar o problema?" nos força a desenvolver nosso serviço de uma forma que a simples adição de benefícios nunca conseguiria. Ao fazer essa pergunta, a Fictional Recruitment evolui, passando de uma empresa de recrutamento genérica para uma empresa de recrutamento na área financeira, atendendo uma determinada região. Dessa forma podemos agregar nosso conhecimento do setor e da área a empresas da região que estão se desgastando para encontrar um candidato adequado no setor financeiro.

Começamos formulando um caso convincente do por quê a Fictional Recruitment se encontra em uma posição melhor para resolver esse problema, posição essa não alcançada por nenhum de seus concorrentes. Embora, na realidade, ainda tenhamos que desenvolver mais a proposta da Fictional Recruitment, o princípio é sólido. A melhor forma de se produzir uma proposta atrativa é fazer a pergunta: "Por que me encontro numa única para solucionar o problema?"

Tomemos John, um *designer* gráfico, como outro exemplo. Não existe nada de único em John. Na realidade, ele é como qualquer outro *designer* gráfico da cidade. Idealizar uma "USP" da forma tradicional será extremamente difícil. Mesmo que conseguisse, não haveria nenhum motivo para ela também ser usada por qualquer um de seus concorrentes. O ato de fazer a pergunta "Por que sou o único a solucionar o problema?" abre outros caminhos. Assim como o interesse pelo *design* gráfico, John também se interessa por imóveis e possui alguns apartamentos que ele aluga. É provável que ele entenda e conheça mais sobre propriedades e administração de propriedades do que muitos outros *designers*. John gosta de se reunir com seus clientes e trabalha por conta própria. Portanto, é algo sensato ele trabalhar dentro de um raio de 80 km de seu estúdio no norte de Londres.

O pequeno negócio de John está começando a florescer. Ele tem experiência com imóveis e quer trabalhar apenas em um raio de 80 km a partir da região norte de Londres. Caso você seja um fabricante na Escócia, John não se encontra numa posição única para solucionar o problema, mas se o seu negócio for uma imobiliária com sede em Londres, talvez John esteja. Isso porque você se encontra dentro da área por ele coberta e ele poderá estar às suas ordens. Ele também tem conhecimentos em imóveis, já que ele mesmo faz negócios nesse setor.

Por que razão faria alguma diferença o fato de John lidar com propriedades ou não?

Afinal de contas, *design* gráfico é *design* gráfico. Ou você é capaz ou não de fazê-lo.

Isso é verdade. Porém, uma imobiliária empregaria um *designer* gráfico para resolver certos problemas. Talvez eles precisem de folhetos promocionais para melhor se comunicar com os clientes ou então se posicionar no mercado de modo a serem mais conhecidos. Seja lá qual for o problema deles, eles perceberão que um *designer* que entenda de propriedades, ainda que pouco, se encontrará numa posição melhor para ajudá-los. Imagine, na posição de uma imobiliária, que lhe sejam apresentadas duas propostas:

- *Designer* gráfico A (John): experiente, competente, excelente pessoa, da região, com preços acessíveis, algum conhecimento do mercado imobiliário.
- *Designer* gráfico B: experiente, competente, excelente pessoa, da região, com preços acessíveis, mas nenhum conhecimento do mercado imobiliário.

É provável que, nesse cenário, a imobiliária opte pelo John. Eles terão a percepção de que John se encontra numa posição melhor para ajudá-los e solucionar o problema deles.

Ao se fazer a pergunta "Por que sou o único a solucionar o problema?", você começa a moldar o seu público e mercado-alvo aos seus serviços e habilidades. Pode ser que, em certos casos, você tenha algo único em relação ao seu produto ou serviço quer irá atrair novos clientes. Porém, explorar exclusivamente essa área é muito unidimensional.

Talvez você venha a se tornar uma solução atraente para alguns clientes caso explore outras áreas.

Fazer a pergunta "Por que sou o único a solucionar o problema?" o encoraja a montar uma ótima estratégia de vendas. Se John, como *designer* gráfico, simplesmente tentasse vender seus serviços a todo mundo, talvez ele fosse bem-sucedido. Porém, ao fazer essa pergunta, ele cria uma proposta mais convincente e cria um mercado de nicho para ele próprio. Para imobiliárias que trabalham com imóveis em Londres, agora ele é um provedor de soluções evidente no caso de precisarem de serviços de *design* gráfico. Obviamente, John tem que fazer uma pequena pesquisa para garantir que o mercado seja suficientemente grande para sustentar seu negócio. Como empresário individual, entretanto, não precisa ser tão grande para mantê-lo ocupado.

Como uma pequena empresa de *design* gráfico, John não tem fundos suficientes para realizar grandes campanhas publicitárias ou extensos programas promocionais. Uma vez que John opte por um mercado vertical limitado como imóveis, sua estratégia passa a ser mais clara. Por exemplo, John poderia participar de conferências e feiras do setor imobiliário. Talvez ele possa se inscrever em uma filial local de uma associação do setor. John também pode escrever artigos para publicações setoriais ou seções relevantes de um jornal local. Talvez ele também queira fazer propaganda nesses locais específicos. Ao fazer a pergunta "Por que me encontro numa posição única para solucionar o problema?", John coloca em destaque sua empresa, o que aumentará muito a probabilidade dela ser bem-sucedida.

Como pequena empresa, John não possui os recursos para construir sua marca ou *expertise* em todos os setores por todo o país. Entretanto, ele pode construir sua marca ou *expertise* em certas áreas do mercado. Uma vez que John se concentre no mercado imobiliário, à medida que sua empresa for se desenvolvendo e expandindo, talvez ele possa lentamente alargar o mercado dentro do qual ele opera. Por exemplo, pode ser que John ache que sua empresa evolua ao passar a trabalhar com arquitetos, topógrafos e construtoras. A partir do momento em que um foco inicial for bem-sucedido, sempre existirá a possibilidade de crescimento das oportunidades de mercado.

O seu Argumento de Vendas Emocional e a Agregação de Valor

7

Criar um Problem Map™ nos dá o entendimento inicial de onde podemos agregar valor. Toda compra resolve um problema e um Problem Map™ nos permite identificar a miríade de problemas que resolvemos.

Fazer a pergunta: "Por que sou o único a solucionar o problema?" propicia o desenvolvimento de nosso produto ou serviço. A questão nos encoraja a ter uma oferta exclusiva ou trabalhar com tipos específicos de clientes e mercados, de modo que nossa proposta seja atraente.

Começamos a agregar valor quando parece estarmos em uma posição favorável para solucionar um determinado problema do cliente.

A MINHA SOLUÇÃO É EFICAZ EM TERMOS DE CUSTOS?

Obviamente, não é preciso dizer que uma solução tem que ser viável. Se o problema de um cliente estiver custando a ele R$ 500 por ano e você for capaz de resolvê-lo por R$ 10.000, ninguém irá adotar a sua solução. A menos que existam algumas consequências extremamente graves provenientes desse problema, não vale a pena gastar os R$ 10.000 em sua solução.

> Se tiver uma solução para economizar energia em uma residência em que os frutos serão colhidos em dois ou três anos e o tempo de permanência na mesma residência for, em média, de dez anos, talvez essa solução seja viável. Se, entretanto, o prazo para recuperação do capital investido for de 20 anos, claramente essa não é uma solução eficaz em termos de custos, pois pouquíssimas pessoas permanecerão na mesma casa pelo tempo suficiente para resgatar o seu investimento.

É importante ter em mente que o valor não provém apenas de ser capaz de resolver problemas de um dado cliente, mas também torná-lo eficaz em termos de custos. Obviamente o que é eficaz em termos de custos vai depender da opulência de seu mercado específico como uma marca de carro de luxo que custe R$ 450.000 talvez resolva problemas de *status* e aspirações, porém, apenas para indivíduos muito abonados.

VALOR E RISCO

Imagine que você comercialize um pacote de *software* e sabe que ele é capaz de gerar uma economia de R$ 5.000 por ano para uma empresa mediana e, incluindo treinamento, o *software* custará R$ 5.000 para ser implementado. Consequentemente, a empresa cobre os gastos no primeiro ano e, a partir de então, economiza R$ 5.000 por ano em relação a seus custos originais. Mesmo que a empresa conserve o produto por apenas três ou quatro anos, eles já teriam economizado de R$ 10 a R$ 15 mil.

Parece claro que para a empresa certa, existe valor nesse produto. Entretanto, a coisa não é tão simples assim. Os números não levam em conta o risco da compra. Se a empresa emprega 25 funcionários, o dono talvez rejeite a sua solução devido ao risco e os possíveis custos desse risco. Por exemplo:

- Talvez o pessoal se torne menos produtivo enquanto se esforça para dominar o novo pacote de *software*. Essa diminuição na

produtividade talvez se torne um custo significativo para a empresa.
- Inicialmente talvez os funcionários cometam erros desnecessários à medida que se amoldam ao novo *software*. Talvez isso possa resultar em entregas erradas e clientes descontentes. Ambos os fatos poderiam custar muito dinheiro à companhia.
- A implementação do novo *software* poderia resultar em desgaste dos funcionários que não são capazes de aceitarem o novo pacote de *software*.

Ou seja, embora os números façam com que o *software* pareça ter grande valor, assim que são considerados os riscos, a probabilidade de se recuperar o capital investido parece menos garantida. Portanto, o valor monetário não é tão fácil de medir quanto se parece num primeiro momento.

Quanto mais você puder deixar o risco fora da decisão, mais fácil será realizar uma venda. Por exemplo:

- Você tem condições de apresentar ao dono da empresa depoimentos de outros clientes satisfeitos onde o *software* foi instalado com sucesso?
- Você tem estudos de caso onde o *software* foi instalado sem causar grandes inconvenientes à empresa?
- Haveria alguma possibilidade de alguma garantia de devolução do dinheiro ou ressarcimento por danos incorridos caso o *software* não funcionasse?
- Valeria a pena ofertar uma versão limitada gratuita em algum departamento em particular para provar a facilidade de uso do *software*?

Sem a possibilidade de tirar parte do risco da transação, o valor da venda ao consumidor é reduzido significativamente. Sabemos que as pessoas são mais motivadas por evitar perda do que pela obtenção de recompensa. Portanto, caso seu cliente considere que o risco é alto, é pouco provável que ele efetuará a compra.

Obviamente, esse ato de evitar perda realça uma outra forma de mudar a percepção de risco de um cliente. Por mais arriscada uma possível compra possa parecer, se o risco de não comprar parecer ser maior ainda do que o primeiro, então ainda vale mais a pena correr riscos adquirindo-o. Portanto, se todos os demais concorrentes desse pequeno empreendedor estiverem instalando novos produtos de *software*, com todos os potenciais benefícios que eles podem trazer, então independentemente dos perigos da compra, pode ser que o risco de ficar para trás seja pior.

De modo a compreender valor, não basta analisar os benefícios monetários da compra de um produto ou serviço. É preciso ser capaz também de quantificar o risco tanto de realizar quanto o de não realizar a compra. Ser capaz de minimizar o risco irá ajudar a fazer a balança pender para um lado e, portanto, tornar a compra mais desejável.

COMPREENDENDO O VALOR EMOCIONAL

Fatores emocionais também devem ser considerados em toda compra. Caso uma compra solucione basicamente problemas emocionais, então o retorno emocional, e não o financeiro, é o que importa. Uma pessoa que compra um relógio de R$ 10.000 não está preocupada com o valor monetário, mas sim com o valor emocional que ele traz, já que essa mesma pessoa poderia comprar um relógio de R$ 30 que informaria as horas do mesmo jeito. Essa compra soluciona problemas como *status* e aspirações. A eficácia com que esses problemas são resolvidos é que determinará se uma compra será feita ou não.

Isso parece óbvio. Entretanto, mesmo nas compras práticas, fatores emocionais podem determinar o resultado. Já destacamos o valor monetário na compra do produto de *software* feita pelo empresário do nosso exemplo e muitos dos riscos na prática que devem ser levados em consideração. Deixando esses de lado, existirão fatores emocionais que também afetarão a compra. Por exemplo:

- As pessoas não gostam de mudar e acham isso emocionalmente perturbador. O empresário do exemplo pode estar preocupado em relação a qualquer mudança que o *software* possa trazer.
- O *software* também torna a organização mais dependente de TI. Se o proprietário da empresa sofre com o manuseio de com-

putadores, talvez ele não queira implementar uma solução que talvez demonstre a sua incapacidade.
- Não houve nenhuma solicitação do empresário para procurar uma nova solução de *software*. Ao não implementar, provavelmente não serão feitas perguntas num futuro próximo. Entretanto, implementar o novo *software* significará que o empresário colocará em risco a própria reputação.

As prioridades de caráter emocional afetam as decisões de compra até mesmo no mundo empresarial. Elas podem tanto impedir que as pessoas comprem, como também podem ser um fator preponderante em uma compra:

> Um novo gerente, querendo deixar a sua marca em uma empresa, talvez compre um novo produto. Embora até possa ser vantajoso para a empresa, o principal motivo é resolver o problema de como caracterizar a sua autoridade no novo cargo.

Além disso, devemos lembrar que, mesmo nos negócios, ainda estamos lidando com seres humanos que terão prioridades de caráter emocional que englobarão tanto considerações pessoais quanto profissionais. As duas não podem ser separadas. Lembre-se que, em sua maioria, as pessoas vão trabalhar e conduzem uma carreira profissional para financiar suas próprias existências pessoais.

Para compras consumistas e extravagantes, fatores emocionais normalmente são a principal questão e são mais importantes do que considerações práticas e monetárias. Portanto, é preciso entender que valor não é um conceito limitado. Ele é composto tanto por fatores financeiros quanto emocionais, bem como pelas prioridades de caráter pessoal e profissional. Deve-se também ter em mente a percepção de riscos que o cliente potencial tem ao adquirir um determinado produto ou serviço. Apenas levando-se em consideração todos esses fatores que se pode começar a garantir que estamos agregando valor para um número suficiente de clientes para tornar nossa solução comercialmente viável.

VALOR: UMA VISÃO MAIS AMPLA

Terapia de Vendas® é um método de vendas que se baseia na relação e não na transação. O velho modelo transacional de vendas nos encoraja a vender e comercializar **para** nossos clientes. Muitas vezes as empresas se engajam em atividades promocionais que estão lá para "interromper" o consumidor e fazer com que eles prestem atenção. Por exemplo, se você estivesse assistindo a TV e chegasse o intervalo comercial, a tendência era de você assisti-los. Entretanto, esse tipo de *marketing* baseado em interrupções está se tornando cada vez menos efetivo. Com a tecnologia digital, assistimos, cada vez mais, programas sob demanda. Podemos dar uma rápida passada por comerciais no rádio e na TV com facilidade. Entretanto, o próprio volume de mala direta e de mensagens de vendas que recebemos significa que grande parte dela passa despercebida ou é esquecida. Também temos acesso a filtros contra *spams* e serviços para bloqueio de recebimento de chamadas de certos números e de certos endereços, que nos permite impedir o recebimento de *e-mails*, cartas e telefonemas, caso queiramos.

A internet mudou a forma de pensarmos. Hoje em dia, os clientes têm mais poder, através de várias opções e do conhecimento. Não queremos mais ser interrompidos passivamente por mensagens de *marketing* que normalmente são irrelevantes. Hoje em dia, gostamos de participar. Os programas de TV mais populares são aqueles que simplesmente não assistimos de forma submissa, mas sim aqueles com os quais podemos nos envolver. Por exemplo, os programas *Big Brother* e *Pop Idol* nos permitem que votemos no resultado do programa.

As vendas e o *marketing* não são mais coisas que fazemos **para** os clientes, mas sim **junto com** os clientes. Nos dias de hoje queremos participar com marcas, produtos e serviços. Entretanto, esse será o caso apenas quando os clientes considerarem que existe neles algo de seu interesse. A única forma de se alcançar isso é garantir que o cliente receba valor de sua participação. Valor não é mais algo que se dá a um cliente apenas no momento da compra. Se esta for a sua abordagem, talvez você nunca atinja esse ponto. Além disso, se não existir um valor contínuo na relação, não existirá mais relação. Isso poderia significar que as oportunidades para vender mais ou para repetir o negócio, irão para um concorrente. De diversas maneiras, estejamos fornecendo um produto ou serviço para nossos clientes, estamos basicamente oferecendo a nossos clientes uma "experiência". Isso significa embarcar em uma jornada com o cliente, durante a qual, as vendas serão feitas.

Pode-se oferecer valor a um cliente de várias formas. Ao vender, você é um apresentador de possibilidades. De modo a poder fazer isso você precisa ser um especialista em seu campo. Pílulas de sabedoria que mantêm os clientes informados, atualizados e dão um *insight* que irá ajudá-los a desenvolver uma relação. O seu cliente considerará que vale a pena estar associado a você. Além disso, oferecer esse conhecimento lhe dará credibilidade e o cliente começará a confiar em você.

Existem diversas maneiras de se agregar valor a uma relação. Isso pode ser feito oferecendo-se presentes gratuitos ou ofertas exclusivas. De modo alternativo, podemos fazer as pessoas se sentirem especiais dando a elas acesso a um novo produto ou serviço ou convidando-as para um evento exclusivo.

Criar uma rede de contatos, que você possa recomendar a um cliente quando surgem certas situações, é uma forma de agregar valor. Você não é mais simplesmente o provedor de um determinado produto ou serviço, mas alguém que vale a pena conhecer e que pode ajudar em uma série de situações não relacionadas.

Você deve tomar cuidado para não desvalorizar o que faz. Por exemplo, se você cobra por hora pelos seus serviços de consultoria, dar uma hora de consultoria de graça pode desvalorizar o seu serviço. Por que alguém iria gastar dinheiro em algo que tiveram de graça? Nessa situação, oferecer a um cliente potencial um artigo gratuito que você tenha escrito sobre um dado assunto pode ser mais útil. Ele demonstra o seu conhecimento e *expertise*, embora oferecendo algo de valor para o seu cliente. Você ganha credibilidade e confiança já que se torna evidente que você é um especialista em sua área. Tudo isso conta pontos para tornar seus serviços de consultoria mais atrativos, em vez de desvalorizá-lo. Não importa como optemos por oferecê-lo, não podemos apenas pensar em valor como algo que é dado no momento da transação. Também precisamos examinar a situação como um todo e isso significa agregar valor ao longo da relação.

ESP – EMOTIONAL SELLING POINT (ARGUMENTO DE VENDAS EMOCIONAL)

Considerações emocionais impulsionam a maioria das compras consumistas e extravagantes. Elas também desempenham um papel importante nas compras feitas por empresas. Portanto, precisamos garantir que oferecemos valor emocional para nosso cliente quando estes fazem uma compra. Fazemos isso através do ESP (*Emotional Selling Point*, ou seja, Argumento de Vendas Emocional). ESP é o problema emocional que resolvemos para nosso cliente, e é de vital importância.

MANTENDO DISTANTES OS CONCORRENTES

Já discutimos os perigos de uma USP ser copiada, quase que instantaneamente, por um concorrente. A ESP, porém, é muito mais difícil de ser copiada e, portanto, potencialmente mais valiosa. Por exemplo:

> A Nike vende tênis. Tênis são um produto que poderia facilmente se tornar uma *commodity*, já que diversos tipos de tênis que compramos são fabricados em tipos de fábricas similares, em partes similares do mundo. A Nike é uma marca *premium*, não apenas devido ao produto em si, mas também devido ao valor emocional que ela oferece aos seus clientes. A Nike significa sucesso e vitória e almeja dominar essa emoção no mercado. Quando alguém compra um tênis da Nike, ele não está simplesmente comprando um par de tênis; ele está comprando uma sensação e *status* com os quais deseja ser identificado. Qualquer coisa com a marca Nike se torna mais valiosa devido ao valor emocional que ela oferece. Portanto, camisetas e bonés com o logo da Nike serão vendidos por um preço mais caro.

Ter um Argumento de Vendas Emocional torna um produto ou serviço menos vulnerável à concorrência. Talvez seja possível para outra empresa fornecer réplicas quase que exatas da gama de produtos da Nike e distribuí-los através de lojas similares. Embora o produto em si possa ser similar, ele não será capaz de oferecer o valor emocional e, portanto, é pouco provável que ameace a participação de mercado da Nike. Sem um ESP, todavia, a Nike se torna uma *commodity* e, portanto, uma empresa que produza tênis similares, com preços mais baixos, possivelmente seria capaz de desafiar a posição da Nike no mercado.

Existem muitos exemplos disso. A Harley Davidson é sinônimo de liberdade e rebeldia, de uma forma que a maioria dos fabricantes não é. Quando as pessoas compram uma Harley, elas não estão apenas comprando uma motocicleta, mas sim, um estilo de vida. Mesmo aqueles que não possuem uma moto compram camisetas ou outras parafernálias com o logotipo deles estampado, de modo a ser associado com as sensações emocionais que a marca traz.

USANDO O ESP PARA GARANTIR CONSISTÊNCIA

Criar um vínculo emocional com um produto ou serviço e, portanto, dando ao cliente valor emocional, torna muito mais difícil para os concorrentes atraírem e levarem os seus clientes. Entretanto, a ESP não se destina apenas para grandes empresas e marcas icônicas; ela é igualmente importante para as pequenas empresas. Quando possível, as pessoas compram produtos e serviços de empresas que conhecem e confiam. Isso porque é menos arriscado comprar dessas empresas.

Para qualquer empresa ganhar a confiança de seus clientes, ela tem que ser consistente. A confiança vem com a familiaridade e a reafirmação de que conhecemos uma empresa e o que ela nos oferece. Se, toda vez que mantivermos contato com uma empresa, recebermos uma mensagem diferente, jamais sentiremos que os conhecemos ou que os compreendemos. Consequentemente, é improvável que iremos confiar neles e, portanto, comprar deles ou recomendá-los a outras pessoas.

É por isso que deve ser mantida uma consistência em toda a empresa. Tal consistência ajudará no desenvolvimento de nossa marca. Seja ela um *site*, uma mala direta, um *e-mail* ou um telefonema; toda interação precisa transmitir uma mensagem consistente. Para muitas pequenas empresas, seus funcionários são a principal forma que clientes potenciais experimentam a marca, seja em um evento para estabelecimento de contatos, visita a um site ou reunião comercial. A forma como você se veste e o estilo de penteado normalmente é uma parte importante da experiência de marca de seu cliente. Se, como proprietário de um negócio, você num dia usar terno, no outro *jeans* e no seguinte camiseta, que tipo de mensagem você está transmitindo? Inconsistências deixarão seus clientes potenciais confusos. O resultado será o de que eles não sentirão confiança em você.

Uma marca está relacionada à experiência que se oferece ao cliente e ela não começa e termina com um logotipo. É aquilo que se veste, que se dirige, a linguagem usada, o cartão de visitas que se dá e tudo o mais que se faz, diz e comunica de diversas maneiras. O seu logotipo não pode ser azul apenas porque é a sua cor favorita, mas porque ela transmite seu ESP.

A Nike é sinônimo de vitória e sucesso. A Harley Davidson, de liberdade e rebeldia. Se você estiver vendendo velas, talvez o seu produto seja sinônimo de romantismo. Uma empresa de treinamento pode optar por representar *empowerment*. Charles Revson, fundador da Revlon ficou famoso pela frase: "Na fábrica produzimos cosméticos; nas farmácias vendemos esperança".

Depois de ter decidido por um ESP apropriado, você deve tomá-lo como parâmetro de comparação. O seu ESP não é algo para ser veiculado para consumo público. Seus clientes devem entender, de forma inata, quem é você. Independentemente de você representar liberdade, vitória, esperança, romantismo, *empowerment* ou qualquer outra coisa; tudo deve ser consistente com essa emoção. Seus cartões de visita, *site*, *e-mail*, peças de mala direta e a forma como você se veste e o estilo de penteado, todos devem transmitir a mesma sensação. Dessa forma não apenas será mais difícil para concorrentes dentro de seu mercado copiarem o que você faz e roubarem os seus clientes, como também esse parâmetro de comparação garantirá consistência que, por sua vez, irá ajudá-lo a conquistar confiança.

Se você entender bem essa questão, a tranquilidade que isso irá dar aos clientes, fará com que suas vendas bem como as indicações que recebe aumentem.

De modo a entender como deveria ser seu ESP, é preciso perguntar a si mesmo:

- Que problemas emocionais eu soluciono?
- Que tipos de emoções eu gostaria que meus clientes vivenciassem ao usarem meu produto ou serviço?

Por exemplo, talvez você possa dar esperança a clientes preocupados e, portanto, ao usarem os seus serviços talvez você queira que eles se sintam aliviados. Ou quem sabe, você poderia dar maior poder para pessoas que se sentem vulneráveis ou intimidadas e, consequentemente, através de seus serviços as pessoas experimentariam uma confiança recém-adquirida.

Ao maquinar ideias para essas questões, finalmente se conseguirá identificar um ESP apropriado.

A partir do momento que você compreender seu ESP, é preciso garantir que a mensagem de sua empresa sempre seja consistente. Além disso, como dono de seu próprio negócio, sua imagem deve ser consistente com o ESP, assim como aquela de seu pessoal. Agregar valor para seus clientes é consequência de um bom planejamento estratégico. Identificar e transmitir seu ESP e então usá-lo como parâmetro de comparação para garantir consistência, é uma parte importante desse plano.

Criando um fluxo contínuo de oportunidades

8

PARTE I: GERENCIAMENTO DO PROCESSO

As vendas começam através da criação de oportunidades.

Se não criarmos oportunidades, não seremos capazes de concretizar nenhuma venda. Esse conceito é bem parecido com uma partida de futebol. Se deixarmos de criar chances, não faremos nenhum gol. É sempre preciso criar oportunidades e, assim como em uma partida de futebol, muitas vezes erraremos a meta; quando estivermos vendendo, haverá momentos em que a venda não irá se materializar.

O sucesso em vendas se inicia com a criação de um fluxo contínuo de oportunidades. Muitas vezes todo o processo de vendas dá errado pelo fato de não se criar oportunidades suficientes. Se deixarmos de gerar constantemente novas oportunidades, jamais teremos um processo de vendas robusto.

Por isso muitas empresas se encontram na situação de que seus resultados ficam na dependência de uma ou duas oportunidades que têm que surgir. Se conseguirem confirmar ambas as oportunidades, talvez atinjam as metas para aquele trimestre. Entretanto, se uma dessas oportunidades der errado, de repente, a situação se torna crítica. Aí que as pessoas passam a ficar desesperadas para que o outro negócio dê certo. O desespero pode, muitas vezes, levar a prometer em demasia ou, pior ainda, *mis-selling*.

De modo a vender com integridade, é preciso estar disposto a abandonar o negócio caso não seja possível ajudar o cliente. É fácil fazer isso quando se está numa posição forte. Isso significa garantir que sempre tenhamos um fluxo consistente de oportunidades.

DE QUEM É A RESPONSABILIDADE PELA GERAÇÃO DE UM FLUXO CONTÍNUO DE OPORTUNIDADES?

Em geral, espera-se que os departamentos de marketing gerem *leads* para serem acompanhados pelo pessoal de vendas. Entretanto, frequentemente se espera que os vendedores criem oportunidades "extraindo diretamente da mina", ou seja, batendo de porta em porta e telefonando para vários eventuais clientes sem aviso prévio. Hoje em dia, os limites entre vendas e marketing se tornaram ainda mais indistintos. As compras ocorrem cada vez mais sem a interação direta de um ser humano. Instrumentos de marketing tradicionais, como material promocional, que costumeiramente eram usados para que o cliente tomasse conhecimento do produto, hoje em dia irão se combinar muitas vezes com a internet para acompanhar clientes através de um processo que irá conduzir a uma venda. Mesmo quando um consumidor interage com um vendedor, normalmente eles já terão feito sua própria pesquisa e já terão chegado a uma decisão de compra. A literatura encontrada on-line e em outros meios é, portanto, simultaneamente concernente tanto ao marketing quanto vendas.

Tomemos como exemplo uma empresa como a livraria virtual Amazon.com. Propaganda, publicidade boca a boca e web marketing encorajarão as pessoas a visitar o site. O próprio site é, ao mesmo tempo, um instrumento promocional e de vendas; por exemplo, o site irá lembrá-lo, fará referências às suas compras anteriores e então recomendará livros que talvez sejam de seu interesse. A Amazon usa instrumentos de marketing para dar a possibilidades a seus usuários para então apresentar ofertas especiais e ajudar na orientação da venda. Todo o site deles é um pacote. A transição de marketing para vendas é imperceptível.

Toda empresa deve ter uma pessoa ou departamento que assuma a responsabilidade por vendas e marketing já que os dois são indivisíveis. Poderia ser o dono de um pequeno negócio que assume esse papel para si ou então delega o papel a outros. Um dos principais objetivos deve ser garantir que um fluxo permanente de oportunidades seja criado de forma consistente.

Entretanto, embora a criação de um fluxo contínuo de oportunidades seja uma responsabilidade de vendas e de marketing, é algo que toda a empresa deveria estar envolvida, já que as empresas bem-sucedidas de hoje precisam ser totalmente focadas no cliente. O ato de vender diz respeito a apresentar possibilidades e solucionar problemas. Em última instância, isso significa ajudar pessoas e agregar valor, colocando o cliente acima de tudo. Uma abordagem focada no cliente e outra focada em vendas são, portanto, uma só e a mesma. A linha que separa onde termina o processo de vendas e começa um bom atendimento ao cliente é tênue. Atualmente, as empresas bem-sucedidas devem ser tanto focadas no cliente quanto organizações centradas em vendas. Em uma empresa bem dirigida, todo mundo, num maior ou menor grau, pode ser um gerador de receitas.

Se sua firma é um escritório de contabilidade, você trabalha em primeiro lugar para uma organização de vendas e depois como contador. Não importa o quão bom você é como contador: sem vendas não existirão os clientes. Toda empresa, portanto, é uma organização de vendas e todo funcionário que tem contato com o cliente, do motorista que entrega a mercadoria ao dono da empresa, terá influência sobre ela e, se o cliente continuará com a empresa, irá abandoná-la ou então recomendá-la para outros. Uma telefonista que deixa de atender ao telefone de maneira cortês prontamente poderá causar um efeito adverso na percepção do cliente dessa organização.

Em uma empresa centrada em vendas, todo mundo precisa ter um treinamento básico em vendas. Todo mundo deve ter treinamento suficiente para ser capaz de reconhecer os problemas que a empresa pode resolver. Depois disso, todos os funcionários se tornam um canal para gerar oportunidades para a própria empresa. Talvez uma recepcionista possa conhecer alguém em uma festa e essa mesma pessoa talvez possa ser ajudada pela sua empresa. Uma organização de sucesso terá treinado essa recepcionista a reconhecer tal oportunidade. Essa empresa também terá deixado a recepcionista ciente do pagamento de comissões em negociações bem-sucedidas por ela iniciadas. Embora essa recepcionista não seja capaz de acompanhar o cliente potencial por todo o processo de vendas, ela será capaz de conseguir os dados desse cliente bem como obter a permissão dele para passar esses dados a uma pessoa apropriada dentro da empresa.

A questão é: o mundo é muito competitivo e a criação de um fluxo contínuo de oportunidades é muito importante para não deixar escapar oportunidades. Todo mundo da empresa deve ser treinado para buscar essas oportunidades. Como empresário, se a empresa for você sozinho, criar oportunidades deve ser uma preocupação fundamental. Entretanto, caso você tenha funcionários, essa atividade não deve se limitar exclusivamente a você. Por exemplo, se você emprega quatro funcionários e se cada um deles mantiver contato com 250 pessoas durante o curso de suas vidas – em reuniões sociais, festas, etc. – isso fará com que sua empresa possa manter contato com outras 1.000 pessoas sem nenhum custo adicional.

ENTENDENDO OS NÚMEROS RELATIVOS ÀS VENDAS

Muitos empresários não iriam nem por sonho querer dirigir uma empresa sem ter um bom entendimento de suas finanças. Sem conhecer o básico, como seus custos e despesas gerais, margens de lucro, bruta e líquida, e previsões de fluxo de caixa, seria extremamente difícil dirigir bem um negócio.

Todavia, quando o assunto é vendas, as pessoas parecem preparadas para deixá-las ao deus-dará. Certamente os números relativos às vendas são tão importantes quanto às informações financeiras à sua disposição. Sem vendas, não há negócios.

Os números relativos às vendas devem ser observados e planejados da mesma forma que as pessoas planejam suas finanças. De modo a planejar vendas, é preciso entender o ciclo de vida de uma empresa. Por exemplo: quantos clientes se perdem, em média, por ano? Por quanto tempo conseguimos manter um cliente? A partir do momento que se tem um conhecimento de que estamos perdendo, por ano, 10% de nossos clientes e um cliente continua conosco por três anos em média, podemos examinar nosso ciclo de negócios e ver se há algum meio de preservarmos parte desses clientes. Por exemplo:

> Uma empresa da área de treinamento oferece três níveis de programas de treinamento em gerência. A tendência é eles oferecerem um programa por ano por cliente. Portanto, depois de três anos eles terão oferecido todos os seus programas para um dado cliente. Como eles trabalham para muitas pequenas e médias empresas, não há um fluxo de novas pessoas a serem treinadas provenientes de todos os seus clientes. Consequentemente, cerca de 10% de seus clientes é perdido a cada ano. Para ser capaz de explicar e compreender esses números, a empresa de treinamento talvez decida adicionar outros serviços ou novos programas que eles acreditam ser de relevância para alguns de seus clientes. Dessa forma, eles podem estabelecer uma meta de venda desses novos serviços e reter parte dos clientes perdidos anteriormente.

Ao se examinar a base existente de clientes, seremos capazes de estabelecer metas de crescimento de vendas. Por exemplo, se 30% de nossos clientes estiver usando nossos serviços básicos, talvez possamos estabelecer como meta um aumento de 10%. A partir do momento em que se estabelecem metas realistas, tanto para reter clientes como para aumentar as vendas para clientes, saberemos quantos novos clientes serão precisos para se atingir as metas de crescimento.

Neste momento é preciso se empenhar ao máximo para entender os números que se convertem em vendas. Toda atividade realizada tem que ser medida. Isso nos confere maior poder. A partir do momento em que se tem um entendimento desses números, podemos realmente assumir o controle das vendas. Por exemplo:

> Talvez você saiba que de 1.000 tentativas de mala direta, apenas 20 delas se converterão em resposta, e dessas 20 respostas 4 se converterão em reuniões e dessas quatro reuniões apenas uma se converterá em um cliente.

Os mercados flutuam e evoluem e, portanto, isso nunca é uma ciência exata. Mesmo ao usarmos a mesma mensagem e canal, você perceberá que, ao longo do tempo, os resultados mudarão. Porém, sem tentar atingir esse nível de entendimento, nunca se terá um domínio sobre o processo de vendas.

IDENTIFICAÇÃO DE *PROSPECTS*

A partir do momento que se consegue entender seus próprios números e quantos clientes novos serão necessários, deve-se decidir quem serão seus alvos. Isso é obtido através do seu Problem Map™. Ao examiná-lo é preciso se perguntar quem seriam aqueles que mais provavelmente têm os problemas que você consegue resolver. Isso deve produzir alguns possíveis alvos. Em seguida, pergunte a si mesmo, desses possíveis alvos, para que público será mais atraente a resolução desses problemas. Respondendo tais perguntas, é possível identificar os mercados onde devemos concentrar nossos esforços.

Vale também fazer a si próprio uma segunda pergunta: quais são os públicos secundários a serem afetados por esses problemas? Por públicos secundários entendemos pessoas que talvez não sejam afetadas diretamente pelos problemas, mas que, certamente, serão afetadas indiretamente. Por exemplo:

> Se sua empresa vende programas aplicativos para contabilidade, talvez você opte por ter como alvo os diretores financeiros de empresas de um certo tamanho. Essas serão as pessoas que usarão o *software* no dia a dia. Entretanto, haverá um público secundário que não usará o *software* contábil diretamente, mas, não obstante, será afetado por ele.
>
> Os diretores executivos talvez não estejam recebendo as informações financeiras que precisam. Da mesma forma, o contador da empresa, trabalhando com o diretor financeiro, talvez passe pelo mesmo problema. Consequentemente, embora seu alvo principal possa ser os diretores financeiros, que obviamente precisam de informações e ter controle sobre suas contas, ter como alvo também os contadores e diretores executivos pode se demonstrar frutífero.

Perguntar a si mesmo quais públicos secundários seriam afetados pelos problemas pode levar a ideias de vendas e de marketing.

COM O QUE O SEU CLIENTE SE PARECE?

Para garantir que a sua prospecção seja a mais eficaz possível, vale a pena tentar traçar um perfil de seus clientes. Certas vezes será possível generalizar em relação a certos mercados. Talvez você até acabe descobrindo, ocasionalmente, que estão disponíveis dados de segmentação demográfica. Por exemplo, talvez você tenha acesso a dados que lhes irão informar que a idade média de um diretor de empresa é de 45 anos. Uma empresa recém-aberta talvez tenha que fazer certas suposições referentes a seus clientes, já que ainda não possuem clientes suficientes para se tirar conclusões definitivas. Nesse caso, talvez valha a pena realizar pesquisas de mercado de modo a obter informações mais precisas.

Porém, à medida que uma empresa se torna mais estabelecida e o banco de dados de clientes aumenta, será possível analisar isso de modo a aprender mais sobre qual deve ser o perfil de um prospect típico. Essas informações podem ser obtidas através de questionários e levantamentos, formulários de inscrição, concursos e simplesmente conversando com seus clientes. Dependendo do negócio, será preciso decidir sobre quais informações valem a pena ser mantidas. Em seguida, pode-se determinar a melhor forma de serem obtidas. Eis abaixo alguns exemplos desse tipo de informações que podem ser relevantes:

- Sexo.
- Data de nascimento.
- Estado civil.
- Emprego.
- Local de residência.
- *Hobbies*.
- Período de férias.
- Música ou esporte preferidos.
- Tendência política.
- Canais de TV que assiste.
- Estações de rádio preferidas.

- Jornais e revistas que lê.
- Sites que visita.

Nem sempre virão à tona padrões claros desse exercício. Porém, certas vezes isso ocorrerá e quaisquer pontos em comum que se encontre são extremamente úteis. Lembre-se, vender é concernente à apresentação de possibilidades e à solução de problemas e deve-se estar preparado para se retirar do negócio caso não possa ajudar o cliente. Portanto, você deve ter conversas com as pessoas com maior probabilidade de poderem ser ajudadas por você, já que se afastar de uma negociação lhe custará dinheiro.

Quanto mais você conseguir direcionar e segmentar o seu mercado, maiores serão as chances de você poder ajudar pessoas que você venha abordar. Portanto, caso você saiba que 80% de seus clientes são jogadores de golfe, então organizar jornadas de golfe, fazer propaganda em revistas de golfe e frequentar clubes de golfe é pura lógica.

Nunca se deve encarar um cliente de forma unidimensional. Se ele for um cliente empresarial, é preciso ainda conhecê-lo em termos pessoais. Lembre-se, as pessoas vão trabalhar para custear suas vidas pessoais. Da mesma forma, é importante compreender o que seus clientes (consumidores finais) fazem para sobreviver. Para eles, o trabalho é o lugar onde talvez eles possam passar a maior parte de suas vidas; portanto, é algo importante na vida deles. Além disso, a linha divisória entre as vidas profissional e privada tornou-se obscura graças à tecnologia. Podemos checar nossas mensagens de *e-mail* enquanto nossos filhos correm pela sala ou dar um telefonema comercial com nossos filhos no banco traseiro de nosso carro.

Mais de 70% de todas as empresas britânicas não possuem empregados e são dirigidas exclusivamente pelo seu proprietário ou proprietários. Isso torna ainda mais indistinta essa linha divisória, já que a jornada típica de trabalho das 9 às 17 horas não é mais relevante para essas pessoas. Talvez eles levem seus filhos para a escola às 9h da manhã para depois participarem de uma reunião às 20h. Pode ser que eles trabalhem em casa numa manhã de domingo e leve os filhos para um parque à tarde. Esses donos de negócios próprios talvez até façam compras pensando ao mesmo tempo em suas vidas profissional e pessoal. Por exemplo, talvez eles comprem um computador para seu *home office*, que usarão para o trabalho, mas onde seus filhos jogarão videogames. O ponto é: não importa se você está atuando em vendas para empresas ou para o consumidor final, conhecer apenas a vida pessoal de um cliente ou apenas sua vida profissional é conhecer apenas metade dessa pessoa. Para realmente entender seu cliente é preciso, portanto, conhecer essas duas facetas.

PARTE II: CONQUISTANDO UM *PROSPECT*

- A geração de um fluxo contínuo diz respeito a criar oportunidades de modo a conseguir novos clientes.
- Para tanto, é preciso criar laços de empatia com o possível cliente.
- Para ser eficaz, é preciso ter uma história cativante para contar.

De modo a ter sucesso em vendas, é preciso ser capaz de contar histórias.

Ao vender serviços intangíveis, as histórias nos permitem dar vida a eles. Com coisas intangíveis, as pessoas precisam ser capazes de senti-las, tocá-las e percebê-las de uma forma palpável e as histórias são mecanismos para fazer com que isso se concretize. Portanto, dar um relato vívido de como você ajudou um outro cliente em uma situação parecida com a dele pode dar a esse possível cliente uma sensação bastante real da solução por você sugerida.

Por outro lado, ao vender itens tangíveis, as histórias são uma maneira de evocar aspectos intangíveis do produto. Por exemplo, se um cliente estiver analisando o seu carro, ele já poderá ver sua qualidade e o interior de couro de linhas elegantes. Entretanto, serão histórias que poderão ajudar o cliente a visualizar um maravilhoso dia ensolarado, atravessando o país com a capota abaixada e o vento balançando seus cabelos. Talvez sejam as soluções intangíveis que o carro lhe oferece que serão a principal razão para a compra.

Há muito "barulho" nesse mercado. A melhor forma de diminuir esse "barulho" é sua história ser capaz de prender a atenção. Para ser cativante é preciso ser relevante e é mais fácil ser relevante para um pequeno grupo por vez. Talvez você tenha um produto ou serviço de nicho ou, quem sabe, um que caia no gosto de um mercado de massa. Possuidor de um claro entendimento dos problemas que você resolve, para quem você os resolve e qual o aspecto dessas pessoas, é possível segmentar seu mercado em diferentes áreas. Almejando prospects dentro dos setores de mercados mais estreitos possíveis, obtém-se o melhor valor do tempo e dinheiro investidos. Por exemplo:

> Uma empresa de TI reconheceu, pela experiência por ela acumulada, que se encontra em uma posição única para solucionar problemas de TI para serviços profissionais. Entretanto, muito embora essa empresa de TI agora esteja se especializando em um dado setor do mercado, será mais fácil ser relevante e atraente se ela subdividir esse setor ainda mais. Portanto, ao tentar estabelecer uma relação de empatia com seus *prospects*, ela terá melhor resultado se contar uma história e produzir literatura e outros materiais especificamente para contadores, arquitetos, advogados, etc., e, individualmente, em vez de tentar atingir todo o mercado de serviços profissionais em uma só tacada.

CONQUISTANDO UM *PROSPECT* EMOCIONALMENTE

As histórias, para serem cativantes, têm que tocar emocionalmente as pessoas. Usamos nosso Problem Map™ de modo a entender os problemas que nossos *prospects* potenciais provavelmente têm. Concentrar-se nesses problemas é a melhor forma de conquistar a atenção de nosso *prospect*. Entretanto, também precisamos nos entrosar emocionalmente com nosso possível cliente. Portanto, é importante introduzir sentimentos nas mensagens que passamos. Independentemente de estarmos falando com um *prospect* por telefone ou face a face, via propaganda, mala direta ou através da internet, etc., essas emoções precisam ser incluídas. Portanto, por exemplo, nossos três problemas da coluna 1 de nosso Problem Map™ (Tabela 5.1, página 61) são:

- Estou à procura de um candidato adequado e não consigo encontrar ninguém.
- O moral no escritório diminuiu, pois todo o pessoal está sobrecarregado.
- Comecei a perder clientes que acabei decepcionando já que estávamos com menos recursos do que o necessário.

Inserir emoções nesses problemas os tornam muito mais poderosos.

- **Estou lutando com todas as minhas forças**, tentando encontrar um candidato adequado e não consigo encontrar ninguém.
- **Estou preocupado** que o moral no escritório diminua, pois todo o pessoal está sobrecarregado.
- **Estou aflito** porque comecei a perder clientes que acabei decepcionando já que estávamos com menos recursos do que o necessário.

Os problemas muitas vezes têm que estar implícitos, em vez de mencionados explicitamente. Da mesma forma, algumas vezes deve-se fazer alusão aos sentimentos ao passo que, em outras ocasiões, estes podem ser ditos diretamente. Entretanto, sem introduzir sentimentos nas mensagens transmitidas a seus possíveis clientes, você corre o risco de não se entrosar totalmente com eles. Isso porque muitas vezes as pessoas dão mais atenção à emoção que um problema provoca do que o real problema em si.

PASSANDO DE *PROSPECTS* PARA CLIENTES POTENCIAIS

Prospect é meramente alguém que identificamos como tendo potencial para ser um usuário de nosso produto ou serviço. Uma vez que essas pessoas tenham sido identificadas, devemos tentar envolvê-las. Porém, elas apenas se tornam um cliente potencial quando realmente se envolvem. Talvez elas se inscrevam em seu site para receber seu boletim informativo via *e-mail* ou preencham um formulário solicitando mais informações. Pode ser que elas baixem uma versão demonstrativa do produto ou respondam a uma oferta grátis que você tenha. De modo alternativo, elas poderiam solicitar uma reunião, se inscrever para participar de um concurso ou solicitar um brinde. Seja lá qual for o interesse delas, o comprometimento significa alguma ação por parte delas.

Assim que for tomada uma atitude por parte do *prospect*, elas passam de alguém com quem se está tentando conquistar a empatia, para alguém com quem se começou a dialogar. Esse diálogo as faz passar de *prospect* para cliente potencial. Pode ser que alguém venha a se tornar um cliente potencial sem mesmo ter sido identificado como *prospect*. Por exemplo, uma recomendação boca a boca pode significar um completo desconhecido solicitando uma reunião com você. Essa reunião ainda se deverá à atividade por você desenvolvida; neste caso, pode ter sido devido ao excelente atendimento ao cliente por você prestado. Nesse cenário, você não está buscando aquele determinado cliente; ele é que estará à sua procura. É importante notar que se pode empregar estratégias de prospecção que resultam em clientes potenciais batendo à sua porta. Tais estratégias transformaram efetivamente o seu negócio em um ímã, atraindo novos clientes, seja através de qual for o meio e, literalmente, empurrando-os em sua direção. Por exemplo:

> Talvez você decida ter como alvo um determinado setor realizando um concurso de alto nível que oferece um grande prêmio. Isso irá encorajar seus *prospects* potenciais a se envolverem com você e, consequentemente, iniciando um diálogo. Além disso, a publicidade boca a boca que seu grande prêmio encoraja torna o seu negócio atraente para outros que também querem se envolver em todo esse frisson. Embora ao lançar o concurso e almejar um mercado inicial você tenha dado o primeiro passo, o prêmio é razoável e gera um impulso suficiente para criação de publicidade boca a boca para levar os clientes em sua direção em vez de você ter que ir à caça deles.

Os *prospects* se tornam clientes potenciais ao participarem do processo. Uma boa prospecção está relacionada a encorajar as pessoas a participarem. Preparar um processo, que encoraje a participação, é um desafio para a empresa dos dias de hoje. Por exemplo:

CRIANDO UM FLUXO CONTÍNUO DE OPORTUNIDADES / 101

> Um cliente potencial pode ser encorajado a responder a um cartão-resposta pela promessa de um brinde. Esse brinde pode estimular mais ainda o interesse deles de se inscreverem em seu site. A inscrição pode significar que eles recebam um folheto informativo sobre a dada área de interesse deles e esse folheto poderia promover a ideia deles participarem de um seminário. Sua participação pode ser a primeira transação que ocorre já que é um seminário pago. Outros acontecimentos no seminário levam então seu cliente a fazer outras compras.

Não se deve perder de vista o fato que, durante todo o percurso através de qualquer processo, temos que apresentar possibilidades, fazendo sugestões sobre problemas que podemos resolver e, quem sabe, até mesmo solucionar alguns dos pequenos problemas antes de a compra ser concretizada, demonstrando, portanto, nossa competência.

O número de pontos ou contatos que deverão existir ao longo desse processo e a duração do desenvolvimento de tal processo dependerão do produto ou do serviço oferecido. Uma solução de *software* que custa milhões de reais pode envolver um processo que dure anos. Por outro lado, um produto barato e de baixo risco talvez seja um processo quase que instantâneo.

Medir o seu sucesso, nos diversos estágios do processo, é de importância vital. Por exemplo:

> Talvez você já saiba que de cada 200 clientes potenciais que se inscrevem para receber um boletim informativo, 20 participarão de um seminário. Desses, cinco farão um curso de treinamento e um deles, se transformará em um cliente permanente.

Mais uma vez, trata-se de conhecer os próprios números. Uma vez feito isso, é mais provável que você conseguirá atingir suas metas de vendas. Esses números também serão sua métrica através da qual você poderá tentar continuamente refinar e aperfeiçoar o seu processo.

Caminhos para o Mercado 9

Existe um sem-número de caminhos para se atingir o mercado e maneiras de se estabelecer contatos com *prospects*. As empresas normalmente realizam atividades que jamais impactam seus balanços finais. Antes de colocar recursos em algo, perguntar a si mesmo como isso irá, em última instância, ajudar no crescimento das vendas faz com que seja menos provável um desperdício de tempo e dinheiro. Ao examinar as diversas alternativas disponíveis, outro importante fator a ser levado em consideração é o quão eficaz em termos de custo será um dado caminho para o seu negócio. Deve-se considerar em média qual seria o valor para um pedido de compra valer a pena e o lucro por ele gerado. A partir daí, começa-se a compreender quanto se pode arcar como despesa na conquista de um cliente e o retorno sobre o investimento esperado. Obviamente, se levarmos em conta o *lifetime value* (LTV) de um cliente, sempre seremos capazes de bancar maiores gastos na sua conquista. Entretanto, sempre é preciso observar o fluxo de caixa. Mesmo que se tenha um retorno sobre o investimento em relação a um período de cinco anos de um cliente, é pouco provável que ele pague adiantado por cinco anos de serviços.

Ao escolher seus caminhos para o mercado é preciso ser cuidadoso e garantir que eles reflitam sua marca e ESP. Por exemplo, se sua marca for uma marca de luxo voltada para indivíduos abonados, distribuir folhetos de porta em porta, mesmo na região correta, não seria apropriado.

A partir do momento que tiver um entendimento das atividades relevantes com as quais poderá arcar os custos, é preciso desenvolver uma estratégia integrada. Estratégia integrada significa usar uma série de caminhos para o mercado complementar e o mesmo público-alvo. Depender exclusivamente de um único caminho para se atingir o mercado não será tão eficaz quanto ter uma abordagem integrada. Isso porque diferentes *prospects* responderão positivamente a abordagens variáveis. Portanto, um *prospect* que nunca vê seus *e-mails* talvez o conheça em evento para estabelecimento de contatos. De modo alternativo, alguém que nunca vai a eventos para estabelecimento de contatos talvez responda favoravelmente a um anúncio em uma publicação especializada de um dado setor profissional.

Uma estratégia integrada também irá levar em conta o fato de que um *prospect* precisará, muito provavelmente, ser exposto a mesma mensagem por várias vezes antes de decidir agir. Portanto, após ter visto vários anúncios em uma publicação especializada, talvez ele responda favoravelmente a sua mala direta. Por outro lado, tendo-o conhecido em um evento para estabelecimento de contatos, um *prospect* talvez decida aceitar a oferta que você mencionou que estava anunciada em seu *site*. Para uma pequena empresa, trabalhar dentro de um mercado restrito pode ser bem efetivo. Mesmo com recursos limitados, essa pequena empresa pode se tornar conhecida e reconhecida dentro de uma área geográfica limitada ou um determinado setor de mercado.

Vale a pena notar que o emprego de caminhos para se atingir o mercado separados para públicos distintos não é uma estratégia integrada. *Telemarketing* para contadores, o envio de mala direta para advogados e propaganda para consultores financeiros talvez demonstrem uma atividade febril, mas não é integrada e, portanto, não será eficaz.

O presente capítulo enumera uma série de caminhos para se atingir o mercado que você, como um pequeno empresário, poderá achar útil.

PROPAGANDA

Propaganda na mídia impressa, no cinema, em *outdoors*, na *web*, no rádio ou na TV podem ser uma excelente forma de se atingir um determinado público. A propaganda de massa geralmente funciona melhor para grandes marcas. Ela também pode ser um mecanismo eficaz para estabelecer uma nova marca, porém, obviamente, isso exigirá investimentos maciços. Para uma pequena empresa, a propaganda altamente direcionada para mercados de nicho normalmente é onde esse meio funciona melhor. Para se tirar o máximo proveito de uma propaganda altamente direcionada, vale a pena perguntar a si mesmo o que você deseja que seu *prospect* faça em seguida. Ter uma "convocação para a ação" em uma propaganda também facilita bastante controlar sua eficácia.

ALIANÇAS

Quem mais está visando o mesmo mercado que você? Por exemplo, caso queira fornecer *software* para departamentos de vendas, talvez você possa estabelecer uma aliança com uma empresa de treinamento que também vise esse mesmo público-alvo. Talvez você possa colocar *links* nos sites de ambas as empresas, organizar um seminário conjunto ou dividir custos de material promocional. Vocês também poderiam compartilhar os respectivos bancos de dados de clientes criando imediatamente um grande número de novas oportunidades. Alianças adequadas também dão a uma organização maior credibilidade perante os olhos de seus diferentes clientes.

CONCURSOS E PROMOÇÕES

Dar às pessoas oportunidade de ganharem algo, terem algum desconto ou receberem algo extra com uma compra é uma excelente forma de encorajar as pessoas a participarem. Entretanto, deve-se tomar cuidado para não desvalorizar sua oferta principal. Por exemplo, para um consultor que cobra por hora, este poderia oferecer um *e-book* gratuito que tenham escrito. Isso dá aos clientes potenciais algo de valor que demonstra *expertise* e não mina o serviço passível de cobrança que ele oferece.

MALA DIRETA

A mala direta é um veículo com o qual todos nós estamos familiarizados. Ela pode funcionar extremamente bem caso você tenha uma marca que os clientes para o qual se está postando irão reconhecer. Isso porque você é uma marca famosa ou então porque se trata de uma mala direta enviada a clientes existentes que irão, consequentemente, reconhecer quem você é. Se, entretanto, não existir reconhecimento da marca, a mala direta tradicionalmente dá uma taxa de resposta muito baixa.

Para que ela possa funcionar, ela deve ser atrativa. Isso mais provavelmente dará certo com uma mala direta para um mercado bastante específico. Lembre-se, a ideia da empresa que envia uma mala direta é começar a ter um envolvimento do *prospect* e, portanto, ela deverá conter uma convocação para a ação. O que você pretende que eles façam em seguida e que valor eles obterão fazendo isso?

Dependendo do valor do pedido de um produto, talvez valha a pena considerar uma mala direta que cause grande impacto. Por exemplo, enviar a alguém um buquê de flores, uma cesta de frutas ou um artigo de luxo como brincos certamente chamará a atenção deles. Porém, na maioria dos casos o custo seria proibitivo, mas para vendas de grande valor, talvez valha a pena considerá-los.

ENTREGA DE FOLHETOS DE PORTA EM PORTA

A entrega de folhetos de porta em porta é uma forma relativamente barata de se atingir um grande número de pessoas em uma área geográfica específica. Embora as taxas de resposta sejam tradicionalmente baixas, ela ainda pode gerar um retorno sobre o investimento, já que o desembolso é relativamente pequeno. Esse meio é mais relevante quando seu produto ou serviço tiver um atrativo para mercado de massa. Deve-se também garantir que sua marca seja apropriada para ser divulgada dessa forma.

E-MAIL MARKETING

Enviar *e-mails* para pessoas de quem não se tem permissão é *spam*, além de ser ineficaz. Porém, enviar *e-mails* para aqueles que já são seus clientes de modo a oferecer a eles valor contínuo, mantendo viva a imagem de sua empresa em suas mentes e ocasionalmente vender mais a eles, vale a pena. Ter mecanismos para captura de endereços de *e-mail* que poderão ser então usados por você, é uma boa ideia. Por exemplo, você poderia encorajar as pessoas a introduzirem seus endereços de *e-mail* em seu site com a promessa de que eles receberão algo de valor. De forma alternativa, você poderia promover um concurso em que as pessoas concorrem a algo e elas se inscrevem introduzindo o *e-mail* delas.

FEIRAS

As feiras normalmente são uma forma cara de divulgar uma empresa. Não apenas com o estande em si, mas também com o tempo gasto onde se deixa a atividade normal bem como com a sua preparação. Deve-se também garantir tempo e recursos suficientes para se fazer o *follow--up* das solicitações de informações geradas pela feira, caso contrário tudo terá sido em vão. As exposições também gerarão um certo volume de consultas desperdiçadas. Muitas pessoas acabam se entusiasmando no dia da feira, manifestando interesse em produtos e serviços. Porém, quando elas retornam à realidade de seus escritórios, o interesse delas desaparece tão rapidamente quanto surgiram. Apesar de tudo isso, exposições dirigidas podem lhe colocar diante do público certo e criar a oportunidade de conhecer *prospects* que você não veria de outra forma. As exposições podem ser frutíferas, mas devem ser consideradas com cuidado.

NETWORKING

Networking diz respeito à criação de uma rede de contatos. Não é possível conhecer todo mundo. Quanto mais pessoas estiverem cientes de seu produto ou serviço, melhor. Ao ter uma grande rede de contatos, você se torna valioso para outras pessoas. Muitas vezes você poderá conhecer um fornecedor que poderia ser indicado a um cliente, além de poder apresentar pessoas umas às outras, dentro de sua rede, para facilitar os negócios entre elas. Todo mundo que você ajudar será grato e, em troca, irão ajudá-lo também.

No estabelecimento de contatos, quanto mais você der aos outros, mais você receberá de volta. Existem muitos grupos de *networking*, reunindo-se nos mais diversos horários do dia, desde o café da manhã até à noite. Muitos desses grupos de negócios genéricos se mostrarão úteis e podem ser encontrados fazendo-se uma busca na internet dentro de sua região. Por exemplo, uma excelente opção de *networking on-line*, e que também oferece encontros *off-line*, é o site www.ecademy.com.

Se o seu mercado-alvo for um dado setor, também se deve estabelecer contatos nos locais que esses indivíduos frequentam. Por exemplo, se você opera com financeiras, participe de seminários, almoços, exposições e outros tipos de reuniões por elas promovidos. Fazer parte das associações relevantes e participar desses encontros também pode ser de valia.

PODCASTS E *BLOGS*

Um *blog* rico em conteúdo provavelmente será bem cotado por mecanismos de busca na internet e, consequentemente, lhe dará uma maior presença na *web*. Se ele se tornar bem estabelecido, também poderá posicioná-lo como um especialista em seu campo de atuação. Da mesma forma, produzir *podcasts* também pode lhe posicionar como um especialista em seu campo e essa informação será repassada para outros.

Ao usar essas mídias, você sempre deve pensar na ação que você está encorajando os receptores de suas mensagens a tomarem. Deve-se também sempre garantir a agregação de valor à sua audiência.

ARTIGOS PROMOCIONAIS

Os artigos promocionais podem ser eficazes para mantê-los na memória dos clientes e fazer com que eles fiquem cientes de sua marca. Ao escolher artigos promocionais é importante garantir que eles se encaixem no espírito de sua empresa. Obviamente, quanto mais valor se puder fornecer com cada artigo, maiores serão as chances de eles serem preservados e usados.

RELAÇÕES PÚBLICAS

Hoje em dia existe um número muito grande de estações de rádio e TV, revistas, jornais e sites. Muitos deles se especializam em mercados particulares ou áreas geográficas. Todos eles estão em busca de boas histórias e bom material informativo. Coloque-se no lugar de um editor ou diretor de uma estação. Descubra que tipo de material eles privilegiam. A partir do momento que se compreender isso, será possível criar histórias de interesse. Ao se fazer isso, é possível estabelecer um bom relacionamento com essas pessoas, o que irá facilitar a continuação de um bom serviço de relações públicas no futuro.

Escrever cartas ao editor ou telefonar para programas de rádio também podem ser uma excelente forma de gerar publicidade.

FALAR EM PÚBLICO

Existe uma série de grupos, associações e organizações que promovem reuniões regularmente e que estão em busca de oradores. Se você for capaz de fazer um discurso com excelente conteúdo, para uma audiência relevante, ele o ajudará a se estabelecer como um especialista dentro de sua área e também poderá ser uma excelente maneira de se gerar negócios. Organizar seus próprios seminários também pode ser eficaz. De modo a garantir que o tema escolhido seja atraente, vale a pena direcionar um seminário para um setor do mercado bastante restrito.

INDICAÇÕES

Você deveria perguntar aos seus clientes e às pessoas com as quais trava contato, se eles conhecem alguém que poderia eventualmente usar os produtos ou serviços por você fornecidos. Isso pode ser formalizado adotando-se um programa de referências. Tal programa funciona encorajando-se as pessoas a fazerem indicações e oferecendo incentivos a elas para assim o fazerem.

Ao elaborar seu programa de referências, é preciso garantir que esteja sendo agregado valor àquelas pessoas que fizerem indicações. Caso esteja oferecendo um brinde, que problemas ele solucionaria e como ele ajudaria aquele que faz a indicação. Fazer com que as pessoas se sintam parte de algo especial pode ser bastante eficaz. Por exemplo, assim que for feita uma indicação, aquele que a fez poderia automaticamente passar a fazer parte de um clube onde eles recebem brindes e são convidados para eventos exclusivos, encorajando-os, portanto, outras indicações no futuro.

TELEMARKETING

O *telemarketing* pode funcionar bem como uma forma inicial de contato com um *prospect*. Entretanto, é preciso garantir que o seu telefonema seja altamente relevante. Portanto, ele funciona melhor quando aplicado em mercados muito restritos. É preciso também planejar cuidadosamente de modo a poder começar a agregar valor imediatamente, encorajando, portanto, a participação do *prospect*. É vital também ter um processo preparado e que você entenda o que acontece depois do telefonema de modo a extrair o benefício máximo de seus esforços.

O *telemarketing* também pode ser uma forma bem eficaz em termos de custos para permanecer em contato e estabelecer uma boa relação com os clientes já existentes. Se efetuado de forma apropriada, ele pode ser uma ótima forma de solidificar relações e de aumentar as vendas.

MARKETING VIRAL

A ideia por trás do *marketing* viral é a de transmitir uma mensagem que será passada de pessoa a pessoa e, portanto, ela praticamente ganha vida própria. Isso faz sua mensagem chegar a pessoas que de outra forma jamais seriam atingidas. Para que isso possa ser concretizado, a mensagem normalmente transmite informações altamente valiosas ou então precisa ser muito engraçada. Existem inúmeros exemplos de *e-*

-*mails*, curtas e desenhos animados que literalmente rodaram o mundo via *e-mail*.

WEB MARKETING

Cada vez mais as pessoas buscam, on-line, produtos ou serviços de que precisam. Consequentemente, investir dinheiro na *web*, seja através de propaganda *pay-per-click*, otimização de mecanismos de busca etc., pode ser bastante eficiente em termos de custos.

Tenha em mente que a maioria das pessoas que procura algo específico já reconhecem um problema que têm. Se for capaz de garantir que o seu *site* responda diretamente esses anseios, será mais provável capturar a atenção de seu *prospect*.

É possível vender apenas uma coisa por vez; daí de tantos sites conterem uma variedade de produtos ou serviços diferentes que resolvem diferentes problemas. Portanto, talvez valha a pena ter uma série de sites menores do que um único site imenso. De modo alternativo, pode ser que você decida manter o seu site principal da empresa, mas ter vários microssites resolvendo questões específicas.

Por exemplo, se eu estivesse à procura de uma TV nova, seu site que lida apenas com esse problema específico provavelmente aparecerá logo nas primeiras páginas de um mecanismo de busca. A primeira página talvez possa ser "10 coisas a observar ao comprar uma TV nova". Essa página apresenta possibilidades aos clientes e os mune com informações para resolver o problema. Ao colocar isso em primeiro lugar, você oferece valor instantâneo a um cliente potencial e, portanto, começa a conquistar a sua confiança. O resto do site pode ser então dedicado aos aparelhos de TV que você vende. Um *link* poderia então levar um cliente ao seu site principal onde você não apenas oferece TVs como também DVDs, câmeras, computadores etc.

Porém, se eles forem direcionados a este site logo de cara talvez não tenha sido suficientemente específico para ganhar a atenção deles. Ter uma série de microssites, tratando de questões específicas, tornará mais fácil conquistar a atenção de um cliente quando de sua visita inicial.

PUBLICIDADE BOCA A BOCA

Se você oferece bons produtos ou serviços, presta excelente atendimento ao cliente e desenvolve relações sólidas com seus clientes, sem dúvida nenhuma, quando surgir a oportunidade, eles falarão positivamente de você. Isso, com o tempo, provavelmente resultará em novos negócios.

É possível, entretanto, realizar promoções e campanhas que mantêm as pessoas falando a respeito de sua empresa. Por exemplo, talvez você envie a clientes algo que provavelmente eles mostrarão ou repassarão para outras pessoas; ou então, você poderia promover eventos ou ardis publicitários incomuns ou estimulantes que encorajarão outras pessoas a falarem de sua empresa. A sua própria criatividade é o único limite sobre o que pode ser feito nessa área de *marketing*.

ESCREVER ARTIGOS

Escrever artigos para *sites*, jornais e revistas relevantes pode ser uma ótima forma de se obter novos negócios e se estabelecer como um especialista em seu campo de atuação. Existem vários títulos e fóruns no mercado e muitos deles estão em busca de material de qualidade. Talvez você seja um *designer* gráfico com vários advogados como clientes. Nesse caso, você poderia oferecer artigos para as mídias de *designers* gráficos bem como de advogados. Por exemplo, para uma publicação legal, você poderia escrever um artigo sobre os desafios enfrentados por advogados no mercado competitivo de hoje e como eles poderiam se destacar em relação aos demais.

Sejam quais forem os caminhos para o mercado que você opte por seguir, é preciso se entrosar com o seu cliente. Sempre pense em termos de seu Problem Map™ e quais problemas você soluciona para o público em potencial. Isso irá ajudá-lo a se comunicar em sintonia com as motivações de seus compradores. Para ser realmente eficaz, os problemas normalmente precisarão estar implícitos na mensagem em vez de serem explicitamente mencionados. Finalmente, lembre-se de que todos esses caminhos para o mercado são usados para possibilitar que você inicie um diálogo com um cliente potencial. Você deve, portanto, garantir que eles sempre saibam o que fazer em seguida (uma "convocação para a ação") bem como oferecer valor suficiente para que eles queiram continuar participando do processo por você iniciado.

Dando Maior Autonomia ao Cliente 10

Materiais e cursos de treinamento dedicados a vendas normalmente farão referência ao medo de rejeição por parte do vendedor. Ou seja, a apreensão que surge com a possibilidade de receber um "não" e como isso pode afetar o desempenho de alguém.

Não é de se surpreender que isso aconteça ao se usar o tradicional modelo transacional de vendas que faz da venda um "tudo ou nada" e tudo gira em torno de ganhar ou perder. Ao usar os conceitos contidos no Terapia de Vendas®, não é preciso mais se preocupar com isso. O método Terapia de Vendas® gira em torno de apresentar possibilidades e resolver problemas. Em última instância, diz respeito a ajudar as pessoas. Algumas vezes, você será capaz de ajudar, em outras, não. De qualquer forma, a abordagem Terapia de Vendas® reconhece o valor inerente para o cliente no processo de vendas, o que torna qualquer diálogo viável.

Em vez de qualquer receio que o vendedor possa ter, na verdade são os receios do comprador que deveriam ser o principal motivo de preocupação, já que esses podem se transformar em uma verdadeira barreira no processo de vendas. É um mito amplamente conhecido que as pessoas não gostam que outros venham vender a elas, mas sim, que gostam de comprar. Portanto, nos dizem que não devemos vender para as pessoas, mas sim, ajudá-las a comprar. Embora seja preciso que a ênfase deva ser em ajudar as pessoas a comprarem, em vez de vender, a premissa de que as pessoas "adoram fazer compras" não faz o mínimo sentido.

É verdade, as pessoas normalmente têm uma enorme satisfação após comprarem algo, pressupondo-se que elas se sentem contentes com a decisão tomada. Como consumidores, normalmente ficaremos empolgados em usar um produto ou serviço que acabamos de comprar e iremos obter momentos de prazer com algo novo. Depois de um tempo, obviamente, a novidade acaba.

Por outro lado, quando decidimos pela primeira vez fazer uma compra, normalmente estamos entusiasmados com a gama de opções diante de nós. Portanto, por exemplo:

> Assim que tivermos chegado à decisão de comprar um carro novo, ficamos muito entusiasmados pelo número de opções que temos. Explorar essas possibilidades e nos imaginar dirigindo uma série desses veículos pode ser bastante agradável. Entretanto, quando chega o momento de efetuar realmente a compra e o processo de ter que tomar uma decisão, nosso humor muda radicalmente.

Todos nós temos medos que fazem com que o processo de compra em si pareça desalentador. Isso é particularmente verdadeiro ao adquirirmos bens de consumo nos quais estamos investindo um bom dinheiro como um carro, ou então nas empresas, quando estamos tomando decisões que podem ter amplas repercussões. É importante compreender que embora possamos ficar entusiasmados em iniciar a jornada de fazer uma compra e talvez fiquemos satisfeitos quando ela se completar, tomar uma decisão raramente é uma experiência agradável. Aceitar a generalização amplamente aceita de que as pessoas "adoram fazer compras" não capta a ideia anterior e pode nos impedir de vender de forma eficaz, já que ela é uma suposição que, na maioria das vezes, é errada.

DO QUE AS PESSOAS TÊM RECEIO?

Como todos nós somos consumidores, é fácil entender as emoções que temos. Em geral, os consumidores têm medo de errar. Isto é, que qualquer decisão de compra por eles feita não será bem-sucedida. Esse medo de errar consiste em quatro preocupações principais:

1   **O medo de pagar demais:**
    Todos nós compramos alguma coisa, apenas para descobrir que poderíamos ter comprado mais barato em outro lugar. Embora pagar mais não signifique necessariamente que tenhamos sido "roubados", não obstante nos faz sentir ridículos. Sobretudo, poucos de nós têm dinheiro para jogar fora e, portanto, estamos preocupados em não deixar que isso aconteça.

2   **O medo de se desapontar:**
    Todos nós já ficamos desapontados com compras que fizemos. Ou o produto ou serviço não teve o comportamento esperado, ou então não atendeu nossas expectativas. Isso pode ter se dado pelo fato de termos sido induzidos por um vendedor ou pelo material informativo distribuído por uma empresa. Outras vezes, nossas próprias expectativas não são razoáveis. Como todos nós já tivemos experiências onde nos sentimos desiludidos depois de uma compra, ficamos atentos para que a situação não se repita. Quanto maior o valor da compra, normalmente maiores são nossas preocupações.

3   **O medo de ser ridicularizado ou criticado:**
    Nossas emoções desempenham um grande papel na maioria de nossas decisões de compra. É por causa disso que nossas compras são reflexo do que somos. As lojas que frequentamos, as roupas que vestimos e os carros que dirigimos, todos revelam algo a nosso respeito como indivíduos. Ficamos receosos pelos comentários que colegas, amigos e a família possam vir a fazer. Consequentemente, essas pessoas irão influenciar nossas decisões de compra. Você nunca escolheu uma roupa em uma loja e depois a colocou de volta no cabide porque lá no fundo, você já estava ouvindo algum comentário que certos amigos poderiam fazer a respeito de sua escolha?
    Nas empresas, essas preocupações se manifestam de outras maneiras. A maior parte das pessoas vai trabalhar para evitar perdas e, portanto, são avessas ao risco. Elas ficam aterrorizadas por terem que tomar decisões que serão julgadas como erradas por colegas ou superiores. Uma decisão ruim poderia custar a alguém aquele almejado aumento de salário, aquela promoção ou, em última instância, o próprio emprego. A opinião dos outros sempre é uma consideração importante no ambiente de trabalho.

4   **O medo de mudança:**
Os seres humanos, pela própria natureza, são criaturas conservadoras. Até mesmo aqueles que correm os maiores riscos não acham que mudanças sejam fáceis. Isso porque somos criaturas consuetudinárias. Temos que ser assim. Existem tantos processos mentais envolvidos no simples ato de se levantar pela manhã, tomar banho, escovar os dentes, fazer o café da manhã e ficar pronto para trabalhar que, se não realizarmos essas atividades habitualmente, talvez não funcionássemos. O resultado disso é que nos sentimos bem confortáveis com padrões de comportamento familiares e, quando esses são colocados à prova, nos sentimos bastante incomodados.

Para ilustrar essa situação, pense em sua própria casa:

> Você já parou para pensar que independentemente de quantas cadeiras você tenha em sua sala de estar ou de TV, você invariavelmente se senta sempre na mesma cadeira? De fato, caso alguém com quem você more se sente em sua cadeira, provavelmente você pedirá a ela para mudar de lugar.
>
> E o que é mais importante, se um amigo vem para uma breve visita e, sem saber, se senta na sua cadeira, embora a maioria de nós seria bastante educado a ponto de não dizer nada a respeito, você se sente um tanto desconfortável sentado em uma cadeira diferente. Não é nada absurdo que em sua própria sala de estar, um pequeno pedaço do planeta que é seu, possamos nos sentir desconfortáveis por meramente estarmos sentados em uma cadeira diferente? E o que é mais importante, não importa o quão fisicamente confortável nos sintamos na nova cadeira, assim que seus amigos forem embora, imediatamente retornaremos a nossa cadeira favorita mais uma vez.

As pessoas não gostam de mudanças e, com maior frequência do que o imaginado, quando estamos vendendo, nossa solução implicará em alguma mudança. Certas vezes, as pessoas manterão uma situação indesejável para não ter que passar pelo tormento da mudança. Apenas depois de perceberem que tal situação indesejável se tornou insustentável é que elas irão aceitar novas ideias de modo mais positivo.

A menos que levemos em conta todos esses medos que o consumidor tem, e façamos o máximo possível para atenuá-los, jamais seremos bem-sucedidos na venda. Mesmo que tenhamos a solução certa, o cliente certo, no momento justo, esses medos podem impedir que uma compra seja realizada. Entender como acalmar esses medos é o segredo para ser capaz de vender com sucesso nossos produtos ou serviços.

FAZENDO COM QUE O CONSUMIDOR SE SINTA À VONTADE

De modo a facilitar o processo de compra, temos que estabelecer o ambiente correto. Isso significa criar uma situação onde o consumidor está disposto a considerar novas ideias e a discutir opções. Se o consumidor não estiver suficientemente à vontade para estar aberto a novas ideias, então a situação não conduzirá a uma venda.

Portanto, é vital que, na qualidade de vendedor, você se esforce ao máximo para garantir que o consumidor se sinta à vontade. O modelo Terapia de Vendas® possibilita que você faça isso. Todos nós já fomos vítimas de vendedores com uma fixação pela transação e nos observando com aqueles olhos de $. Nós não sentimos que eles tenham qualquer consideração pelos nossos interesses e isso nos passa uma sensação de incômodo.

O oposto também é verdadeiro. Se você não foca na transação, mas, ao contrário, se concentra apenas em apresentar possibilidades e resolver problemas, você dará a impressão de não ser alguém movido pelos seus próprios interesses. Além disso, se estiver plenamente convicto de que não poderá ajudar um cliente potencial, você se afastará das negociações, garantindo então que está "agindo segundo os interesses do cliente".

Assim como um cliente terá a sensação do vendedor preocupado com si mesmo e com cifrões estampados nos olhos, ele também perceberá quando o vendedor é íntegro e coloca os interesses do cliente acima de tudo. Ao se concentrar nos interesses do cliente, apresentar possibilidades e resolver problemas, é mais provável que você agregue valor e crie um ambiente onde o consumidor comece a relaxar e se sentir à vontade. A situação se torna então uma profecia que se cumpre automaticamente. Quanto mais relaxado e à vontade estiver um consumidor, mais receptivo ele estará às suas sugestões. E o que é mais importante, provavelmente eles estarão mais abertos e contribuirão para o processo de uma forma positiva. Quanto mais o consumidor assim agir, maior será o seu entendimento da situação do cliente. Isso, por sua vez, significa que suas sugestões provavelmente serão mais relevantes ainda e, portanto, você agregará cada vez mais valor.

COMPREENDENDO OS RISCOS

Pagar muito por algo, ficar desapontado, ser ironizado ou criticado e o medo de mudanças são todos riscos que o consumidor assume caso opte por fazer uma compra. Portanto, vale a pena avaliar o nosso próprio produto ou serviço em relação a essas questões para verificarmos o quanto podemos minimizar os efeitos dos riscos que o consumidor está enfrentando. Quanto mais pudermos fazer para minimizar esses riscos, menor será a chance deles se tornarem uma barreira para a concretização da venda. Por exemplo:

- Muitos varejistas oferecem paridade de preços. Isto é, caso o consumidor encontre um dado produto mais barato em outra loja, o varejista arcará com a diferença. Isso ajuda a diminuir qualquer preocupação em relação aos preços que o consumidor possa ter.
- Uma garantia de recompra "satisfação garantida ou o seu dinheiro de volta" pode dissipar o medo de se desapontar, já que qualquer compra que se mostrar insatisfatória poderá ser devolvida.
- O testemunho de clientes anteriores contentes pode acalmar preocupações em torno dos pensamentos e das opiniões de amigos ou colegas. Esses testemunhos e avais demonstram que o consumidor está em boa companhia ao tomar uma decisão de comprar.
- A experimentação gratuita de produtos ou serviços por tempo limitado pode facilitar que alguém venha a fazer uma compra.

Essa experimentação dá ao consumidor uma oportunidade de usar o produto ou serviço antes de contrair um compromisso importante. À medida que ela for se tornando familiar, a mudança que ocorrerá ao se comprometer a efetuar a compra, em longo prazo, parece ser menos desalentadora.

A existência de uma cláusula de desistência, de modo que um cliente possa romper um contrato a qualquer momento ou a garantia de um nível de desempenho mínimo, também pode ser eficaz na redução do risco percebido pelo cliente.

Obviamente, há uma série de maneiras de se eliminar os riscos percebidos de uma compra. O que é apropriado para uma empresa talvez não seja relevante para outra. Qualquer forma escolhida para reduzir os riscos para um cliente deverá ser comercialmente viável para você. Sejam quais forem as garantias agregadas ao seu produto ou serviço, não subestime a importância de planejar essa garantia na sua oferta.

A IMPORTÂNCIA DO *EMPOWERMENT*

> Imagine-se entrando na sua loja de roupas preferida. Um vendedor se aproxima perguntando: "Posso lhe ajudar?". Nesse ponto, muitos de nós automaticamente elevam sua mão respondendo: "Não, obrigado, só estou dando uma olhada."

Por que fazemos isso?

A razão é que sentimos medo de perder o controle do processo de compras. Esse medo é algo artificial. Lojas centrais não são organizações que usam técnicas de vendas agressivas e a maioria delas não paga comissão a seus vendedores, mas apenas um salário por hora fixo. E o que é mais importante, a maioria dos varejistas aceitará a devolução de um artigo desde que a nota fiscal seja apresentada. Entretanto, nada disso importa. O pensamento de sermos acompanhados por um vendedor da loja que pode tentar e nos vender coisas que não desejamos, ou que poderia nos levar a fazer uma compra que mais tarde nos arrependemos, é o suficiente para precipitar a resposta automática que damos: "Não, obrigado, só estou dando uma olhada".

Um cliente que não se sente no controle da situação em que se encontra terá uma atitude defensiva e apreensiva. Ele certamente não será uma forma de pensar propícia para se ter uma discussão aberta e honesta. A menos que um cliente se aproxime do vendedor e peça a sua ajuda, ele sempre terá a sensação de que a pessoa que está vendendo se encontra no controle da situação. Mesmo ao se aproximarem de um vendedor, nem sempre ele se sentirá no comando.

Ao vender, um número muito grande de pessoas tem essa percepção de controle. Elas vendem **para** seus clientes, tentando persuadi-los a comprar o seu produto ou serviço. Para o cliente, que se sente defensivo e incomodado, será pouco provável ser receptivo a perguntas ou estar aberto a quaisquer sugestões. Na realidade, quaisquer recomendações provavelmente irão resultar em uma série de objeções, muitas das quais serão um mecanismo de defesa. O processo todo se torna antagônico. Tudo isso está errado.

A realidade é:

A pessoa que está vendendo, em última instância, jamais tem o controle, pois é o consumidor que sempre tem a palavra final se ele quer ou não comprar algo.

Quando um vendedor efetivamente força alguém a fazer uma compra, o que normalmente acontece é a devolução desse artigo, o cancelamento de um pedido ou uma fatura contestada. O vendedor não tem controle. Entretanto, qualquer sensação que um consumidor tenha de que a pessoa que está vendendo se encontra no comando irá impedir a ocorrência de uma discussão honesta, pois ela irá produzir uma reação defensiva por parte do cliente. Consequentemente, é vital que o vendedor dê maior poder ao seu possível cliente o mais rápido possível e ao longo de todo o processo de vendas.

Quanto mais rapidamente o poder que o consumidor já detém (mas que não tem a sensação de tê-lo) for devolvido a eles pelo vendedor, mais rapidamente o primeiro começará a se tranquilizar e estará desejoso de estabelecer uma conversa razoável.

Como consumidores, não queremos **sofrer** uma ação de venda, mas sim **participar** do processo de vendas. Em uma era onde temos um maior número de opções, maior conhecimento e controle sobre nossas vidas, comparando a gerações anteriores, não reagimos favoravelmente a sermos assaltados pelas mensagens de vendas de alguém.

Ao contrário, quando participamos do processo de vendas, as decisões a que chegamos não são as decisões tomadas pelo vendedor, mas sim as nossas. Portanto, dar maior poder ao consumidor é o primeiro passo para refutar qualquer necessidade de mirabolantes técnicas de fechamento de vendas. Se o vendedor optar por uma solução apropriada, ele terá que suar para convencer seu possível cliente que ela é a correta. Entretanto, se o consumidor decide por si só o resultado de uma discussão, o vendedor não precisará convencê-lo de que a conclusão a que se chegou é a correta.

PASSANDO O CONTROLE AO CLIENTE

> Retornemos ao caso da sua loja de roupas preferida. Dessa vez, você fica estupefato quando o vendedor lhe diz o seguinte: "Quem sabe o senhor possa me ajudar. Peço-lhe realmente desculpas por incomodá-lo, mas o meu supervisor está bem ali e passou a manhã toda me repreendendo. Eu realmente não me importo se o senhor irá comprar ou não alguma coisa, mas o senhor se incomodaria se eu lhe acompanhasse pela loja?".

Há grandes chances de que, ao receber tal pedido, o cliente irá concordar. Porém, talvez isso se deva a uma frase-chave que o vendedor pronunciou, qual seja: "Eu realmente não me importo se o senhor irá comprar ou não alguma coisa". Tão logo o vendedor diga essa frase, ele transfere qualquer percepção de controle diretamente para o cliente. Ao afirmar que ele não se importa se o cliente irá comprar ou não alguma coisa, a implicação é que agora a decisão é totalmente do cliente.

Obviamente, a realidade é que sempre foi uma decisão do cliente. Entretanto, como consumidores, muitas vezes, não é assim que nos sentimos. Ao afirmar tal fato tão claramente, o controle, nesse caso, passa para você, o consumidor.

Não estou sugerindo que você aborde cada ocasião de vendas dizendo ao seu cliente potencial que você não se importa se ele irá comprar ou não. E também não estou sugerindo que todo varejista adote essa prática. Por definição, se ela tivesse que se tornar uma prática, ela não seria genuína e, portanto, iria se tornar um outro manjado artifício de vendas. O princípio, porém, é bem fundamentado.

Suponhamos que o cliente tenha aceitado a solicitação do vendedor. O cliente começa a se tranquilizar, já que ele passa a se sentir no controle total da situação. Inicia-se uma relação, batendo um papo à medida que o vendedor ajuda o cliente a encontrar os artigos que está procurando. Enquanto o cliente prova diferentes peças, o vendedor sugere outras à venda que poderiam complementar as primeiras. Sentindo-se à vontade e no comando, o cliente reage favoravelmente e está aberto a explorar as sugestões do vendedor. Em tal situação, é muito provável que o cliente acabe comprando mais artigos do que o imaginado inicialmente.

Inadvertidamente, ao dar maior poder ao cliente, o vendedor criou um ambiente propício à compra. O cliente se sentiu à vontade e quando o vendedor deu a conhecer novas possibilidades a ele, este ficou feliz em explorar suas recomendações. Essas sugestões ajudaram a resolver os problemas de combinar peças para formar um conjunto e, ao mesmo tempo, as demais exigências do cliente em termos de *status* e aspirações. Muitos dos riscos associados à compra já foram dissipados, já que o cliente estava ciente de que a loja permitiria a devolução de qualquer artigo, desde que apresentado um recibo válido. Consequentemente, a partir do momento que foi atribuído maior poder ao cliente, foi criado um ambiente quase perfeito para a compra.

É vital que se dê maior poder aos clientes potenciais. Caso percebam que o vendedor detém o poder, eles se sentirão vulneráveis. Isso os tornará apreensivos e defensivos. Nesse estado, eles não estarão abertos a novas ideias e desejosos de explorá-las. A partir do momento em que passamos o poder ao *prospect* e damos a ele a sensação de estar no comando, o sentimento de vulnerabilidade começa a desaparecer e ele se tranquiliza. Será muito mais provável então que ele esteja disposto a ter uma discussão honesta.

Podemos dar maior autonomia ao cliente de duas formas:

1 Deve-se garantir que nosso comportamento não seja muito agressivo ou franco demais. É possível que tenhamos ideias e opiniões firmes, porém elas devem ser projetadas de um modo que não fira as regras da boa convivência. Pode-se dizer todas as coisas certas, mas se a linguagem corporal e os maneirismos forem prepotentes, o cliente ainda se sentirá vulnerável.
2 Ao apresentar ideias e soluções a um cliente, podemos, em primeiro lugar, começar dando a eles o controle da situação. Frases curtas como:
   - "Não sei se isso seria relevante, porém..."
   - "Eu não sei; diga-me o que o senhor acha a respeito disso..." e
   - "Apenas a título de sugestão, mas o que o senhor acha de..." colocam imediatamente o cliente em uma posição de força.

A implicação dessas afirmações é que estamos pedindo a opinião do cliente, já que não estamos totalmente certos sobre qual é a solução mais apropriada para ele. Ao pedir pontos de vista dos clientes, em vez de simplesmente afirmarmos nossas opiniões, conseguimos o seguinte:

1 Possibilitamos que nosso cliente tenha controle, já que ao pedirmos sua opinião e ao questionarmos a relevância de nossa ideia, estamos deixando implícito que a decisão cabe a ele. Obviamente, a decisão sempre é do cliente.
2 Ao perguntarmos ao cliente, em vez de apenas informá-los, sobre uma dada solução, nós o encorajamos a participar da descoberta das respostas.

Em muitas ocasiões o cliente de fato dará sugestões ou apresentará ideias com as quais jamais havíamos imaginado e apresentado durante nossa conversa, porém, é possível acomodá-las. Dessa forma, estamos facilitando o processo de compras, em vez de vender. O cliente normalmente irá vender a solução para ele mesmo. Além disso, já que se trata da solução do cliente, é muito mais provável que ela seja mais adequada para ele. Não será necessário convencê-lo e persuadi-lo de que é a solução correta, já que talvez eles jamais venham a comprar sua solução, mas comprarão a própria.

Como vendedor, devemos ter a *expertise* e o conhecimento de um dado mercado e do que é possível. Talvez até possamos conduzir nosso cliente na direção certa e orientar a conversa. Entretanto, comentários como:

- "Não tenho certeza de que isso seja adequado para o senhor, porém..."
- "Diga-me, o senhor acredita que isso possa ser adequado..."
  dão poder ao cliente e o encorajam a participar. Dessa forma, cliente e vendedor se tornam parceiros tentando explorar ideias e resolver um problema juntos em vez de agirem como combatentes de lados opostos da trincheira, coisa que acontece no modelo de vendas tradicional.

Lembre-se, em última instância o cliente sempre está com o controle da situação. A única coisa que estamos fazendo é permitir que ele reconheça isso. Ou seja, a situação dele não mudará, apenas seu nível de conscientização. Se o cliente não tiver consciência do controle que detém, será muito difícil ter uma boa conversa com ele. Além disso, ao perguntar em vez de dizer ao cliente, estamos encorajando a sua participação. Essa abordagem não é apenas mais eficaz como também é mais provável que a solução será a mais indicada para o cliente. Finalmente, devemos recordar que, caso não possamos ajudar o cliente, é hora de nos afastarmos da negociação. Tendo tudo isso em mente, será possível termos ótimas conversas com os clientes, concretizarmos vendas e sempre manter intacta nossa integridade.

Entendendo os seus Compradores 11

Independentemente de estar vendendo para o consumidor final ou para uma empresa, sempre existirá um processo de compra.

Para ser bem-sucedido, isso deve ser entendido. Por exemplo:

> Em um ambiente de consumo, uma família pode ter seu próprio sistema para chegar a decisões. Inicialmente, a esposa pode realizar uma pesquisa preliminar e identificar dois ou três possíveis fornecedores. Pode ser então que seu marido investigue melhor tais fornecedores e eles finalmente tomem a decisão de compra juntos.

Para entender o processo de compra, deve-se reconhecer quem está envolvido e o grau desse envolvimento. Por exemplo, em uma família, pode ser que uma criança precipite uma compra para o seu aniversário. Entretanto, serão seus pais que então pesquisarão um fornecedor e farão a compra.

A atitude dos compradores perante os riscos também afetará o processo de compra. Talvez eles sejam muito meticulosos e queiram garantir que os mínimos detalhes tenham sido verificados. De modo alternativo, talvez eles estejam preparados para arriscarem mais. A atitude que os compradores têm perante o risco mudará dependendo da compra. A maioria das pessoas, ao comprar uma casa, tomará uma atitude bem cuidadosa. Talvez isso seja exigido pelo próprio banco, que está fazendo o empréstimo.

Por outro lado, ao baixar um novo álbum da internet por um pequeno custo, um comprador talvez esteja disposto a comprá-lo sem mesmo ouvi-lo antes e, consequentemente, se expondo a um risco maior, muito embora em um artigo relativamente de pouca importância.

Um processo de compra pode compreender uma única pessoa ou envolver várias pessoas diferentes. As compras feitas por consumidores normalmente terão poucas pessoas envolvidas. Por exemplo, a pessoa que vai ao supermercado para comprar alimentos para a família, talvez seja a única a tomar as decisões e, na maioria dos casos, irá decidir sobre uma compra no ato. Em uma pequena empresa, com poucos funcionários, talvez seja o seu dono que, sozinho, tome a maioria das decisões de compra. Ao vender para empresas maiores, talvez se observe que as decisões de compras são tomadas por uma série de pessoas e o processo se torna muito mais complicado.

Independentemente do número de pessoas envolvidas no processo de compra, seja uma ou uma centena, devemos lembrar que cada pessoa terá suas próprias preocupações em um ou mais dos seguintes aspectos:

- As prioridades de caráter pessoal de cada um: as próprias preocupações relativas às suas vidas privadas.
- As prioridades de caráter profissional de cada um: as próprias preocupações relativas às suas vidas profissionais.
- As prioridades de caráter prático de cada um: as características tangíveis que o produto ou serviço devem ter.
- As prioridades de caráter emocional de cada um: suas opiniões e pensamentos baseados em seus sentimentos.

Essas diferentes áreas de preocupação podem se apresentar sob uma grande variedade de formas. Tomemos como exemplo o dono de um pequeno negócio que está adquirindo um *laptop*:

- Sua prioridade de caráter pessoal é um *laptop* que os filhos também possam usar quando necessário.
- Sua prioridade de caráter profissional é que o *laptop* seja capaz de rodar programas compatíveis com um grande fornecedor.

- Sua prioridade de caráter prático é que o tamanho da tela e do teclado sejam suficientemente grandes para proporcionar um uso e transporte confortáveis da máquina.
- Suas prioridades de caráter emocional dizem respeito à aparência e ao estilo. Ele quer um *laptop* com o qual ele se sinta feliz em usar em frente aos colegas.

Esse cenário é igualmente relevante em grandes empresas. Por exemplo, uma representante comercial que está escolhendo um novo carro da companhia:

- Suas prioridades de caráter pessoal serão que o seu marido goste do carro e haja espaço suficiente para seus dois filhos.
- Sua prioridade de caráter prático será um carro com câmbio automático, já que ela tem que percorrer longos percursos com tráfego intenso.
- Suas prioridades de caráter profissional e emocional serão um meio-termo entre dirigir um carro que atenda às suas necessidades de *status* e aspirações e o de não ser um carro muito ostentador, já que isso poderia ter um efeito adverso nos clientes que ela visita.

Potencialmente, se existirem 20 pessoas envolvidas em uma decisão, podem existir 20 diferentes considerações pessoais, profissionais, práticas e emocionais.

Entender as diferentes preocupações de seus clientes potenciais é de importância vital e, algumas vezes, pode desafiar nossas próprias suposições. Não se deve dar nada como certo ou aceitar sem questionar. Ao contrário, é preciso investigar os diferentes critérios que aqueles envolvidos no processo de compra utilizam. O exemplo abaixo, de um departamento de compras de uma grande S.A. parece simplista. Não obstante, trata-se do tipo de erro regularmente cometido ao se vender.

> É natural se pressupor que o objetivo de um departamento de compras seja o de obter o menor preço possível para um dado artigo. Entretanto, a meta desse departamento é a economia e não o preço. Em outras palavras, se o preço no varejo for de R$ 100 e o departamento de comprar negociar para adquiri-lo por R$ 50, ele fez uma economia de R$ 50. Nesse cenário, o gerente do departamento pode estar mais propenso a adquirir o artigo por R$ 50 do que um artigo similar por R$ 40 de outro concorrente. Embora o segundo artigo seja R$ 10 mais barato, seu custo inicial era de apenas R$ 80. Portanto, se o departamento de compras adquirir o segundo artigo, ele estará fazendo uma economia de apenas R$ 40 e não de R$ 50 e conseguirá uma comissão menor. Tivesse a segunda companhia entendido isso, eles poderiam muito bem ter cotado seu produto a R$ 100 no início das negociações. Caso tivessem feito isso e, consequentemente, proporcionando uma economia de R$ 60, o gerente do departamento de compras os teria escolhido como fornecedor.

Pelo fato das diferentes pessoas envolvidas na tomada de decisão de uma compra terem prioridades diversas, talvez seja bom elaborar um Problem Map™ para cada cargo. Por exemplo:

> As prioridades de um CEO podem ser diferentes daquelas de seus diretores. A principal preocupação de um CEO talvez seja manter seus diretores contentes, ao passo que, alguns membros da diretoria talvez estejam querendo deixar sua marca dentro da organização. Os usuários de *software* também poderiam ter voz ativa na decisão. O foco deles seria nos problemas imediatos que o *software* que está sendo adquirido iria resolver.

Um Problem Map™ para cada pessoa ou departamento da companhia irá ajudar a esclarecer os problemas e, portanto, os pontos que são relevantes.

Também se deve analisar o risco de uma compra para todos os cargos ou departamentos da empresa. Por exemplo, as pessoas não gostam de mudanças. Portanto, deve-se considerar as consequências de uma compra em termos de mudança.

- Para um CEO, talvez não haja nenhuma mudança pessoal. Ele não usará o produto e não terá peso algum na questão.
- Para os usuários do produto, talvez seja uma mudança radical e, portanto, muito provavelmente criará um certo nível de resistência nesse escalão.

Todos os riscos precisam ser analisados. Por exemplo, os compradores têm medo de serem ridicularizados ou de serem alvo de chacota por parte dos colegas. Portanto, se alguém da média gerência estiver incumbido de tomar a decisão, talvez haja certos riscos que precisam ser considerados.

- Ficarão eles ansiosos em relação àquilo que o CEO ou um outro diretor irá dizer?
- Ficarão eles preocupados com a possibilidade de serem ridicularizados pelas pessoas por eles gerenciadas?
- Quem provavelmente ficaria desapontado com a compra caso ela não funcionasse de acordo?
- Quem tem medo de parecer estúpido caso a empresa pague muito pelo produto?

Ao vender para uma microempresa ou um consumidor final, é pouco provável que muitas pessoas estarão envolvidas no processo. Caso esteja efetuando uma venda para uma grande organização, pode existir uma série de pessoas envolvidas e a venda pode ser extremamente complexa. Elaborar um Problem Map™ distinto de modo a poder entender as prioridades de caráter emocional, prático, profissional e pessoal das pessoas envolvidas pode tomar muito tempo. Porém, se o valor do pedido for suficientemente alto, valerá a pena realizar essa atividade.

DMU (*DECISION MAKING UNIT*)

Antes que se possa levar em conta as considerações de quaisquer pessoas envolvidas em uma compra, temos que entender quem são esses compradores. Ao vender para consumidores finais, estes podem ser um único indivíduo, dois sócios, amigos ou uma família inteira. Por exemplo:

> Tomemos como exemplo uma família que está se mudando. Pode ser que o chefe da família assuma para si a decisão de compra. Alternativamente, um casal poderia tomar a decisão juntos, mas achar desnecessário envolver seus filhos adolescentes. Uma outra família, porém, talvez não se ache capacitada de tomar uma decisão sem que o marido, a mulher e todos os filhos concordem.

O mesmo vale para as empresas. Em uma pequena empresa, o seu dono poderia tomar a decisão sozinho ou poderia pedir ajuda a colegas de confiança, amigos ou à família. Quanto maior for uma empresa, provavelmente existirão diretores, gerências e usuários envolvidos. Seja qual for a combinação, as decisões são tomadas por uma DMU (*Decision Making Unit*, ou seja, unidade de tomada de decisão). Uma DMU pode ser formada por um único indivíduo tomando a decisão ou um grande número de pessoas que tomará a decisão juntas.

Pensar em termos de DMU é um mecanismo útil. Entretanto, não se deve perder de vista o fato de que embora a DMU seja um instrumento útil, pessoas que estão tomando decisões talvez não se considerem como parte de qualquer unidade de tomada de decisão. Muitas vezes as decisões serão influenciadas por um grupo diverso de pessoas que, sabidamente ou não, terão uma influência em qualquer resultado. Por exemplo:

> Em uma empresa, pode ser que dois diretores tomem a decisão sobre uma compra, embora várias outras pessoas estejam envolvidas e possam influenciá-los. Se fôssemos perguntar às pessoas dessa empresa quem toma a decisão, elas apontariam os dois diretores. Entretanto, como vendedor, é importante reconhecer as demais pessoas que têm influência sobre qualquer negociação.

Um casal (marido e mulher) pouco provavelmente se considerará como uma unidade de tomada de decisão, muito embora, ao tomarem certas decisões de compras, eles poderiam muito bem formar uma unidade. Se fôssemos ligar para uma empresa e pedir para falar com o chefe da DMU, provavelmente não chegaríamos a ninguém. Portanto, trata-se de um mecanismo para uso interno nosso e não algo que se deve mencionar a um cliente potencial.

COMPOSIÇÃO DE UMA DMU

Uma Unidade de Tomada de Decisão normalmente incluirá até cinco diferentes tipos de pessoas. Quantos tipos serão irá depender se estivermos vendendo a consumidores finais, empresas pequenas ou grandes e os processos de cada um deles.

1   O tomador de decisão tradicional:
Esta é a pessoa que tem controle sobre a decisão final. Será ela quem fechará o pedido, autorizará a compra, assinará o cheque ou fornecerá o cartão de crédito. Eles poderiam estar muito envolvidos na decisão de compra, participando de reuniões relevantes, examinando as propostas etc. Por outro lado, talvez eles designem outras pessoas para participarem das reuniões e fazerem a pesquisa. Depois, ele poderia fazer uma série de perguntas às pessoas por ele delegadas antes de decidir sobre a compra.

Certas vezes, a pessoa que assina o cheque nem está envolvida com a decisão em si. Ela se dá por contente em ratificar a decisão de uma outra pessoa. Deve-se, portanto, tomar cuidado e não pressupor que a pessoa que assina o cheque tomará a decisão. Muitas vezes é isso o que acontece, mas não necessariamente sempre.

2   Os influenciadores:
Os influenciadores talvez não tenham a autoridade para assinar um pedido ou cheque, mas sua opinião pode ter um grande peso. Isso se dá normalmente devido a sua *expertise* ou experiência em uma dada área ou então devido ao cargo que ocupam na empresa.

Uma criança talvez se curve diante da maior experiência dos pais e, portanto, pode estar interessada em ouvir os seus conselhos. Nas empresas, o departamento de RH poderia instalar um novo sistema informatizado que não afetaria ninguém mais. Mesmo assim, o diretor de RH talvez peça a opinião do diretor de TI devido a sua experiência. Certas vezes uma pessoa pode ser destacada para o processo de tomada de decisão devido ao seu cargo. Portanto, um gerente do médio escalão talvez seja encarregado a tomar uma decisão. Entretanto, talvez ele decida envolver seu diretor por nenhuma outra razão a não ser a autoridade que esse último tem.

3   Departamento de Compras:
Algumas grandes empresas possuem departamentos de compras formados por pessoas que são compradores profissionais. Eles podem estar envolvidos em todas as compras da empresa ou então apenas em compras acima de um certo valor. O departamento de compras normalmente trabalha com outros departamentos, dentro da empresa, para chegar-se a uma decisão. O departamento de compras pode ou não ter a decisão final, porém normalmente estará envolvido nas negociações.

4   "Guardiões":
Normalmente se pensa em um "guardião" como uma recepcionista, uma secretária ou um assistente pessoal. Na realidade, todo mundo através do qual você tem que passar para chegar à pessoa certa é um "guardião". Um "guardião" pode ter grande influência ou nenhuma em si. Mesmo sem qualquer poder executivo, um "guardião" pode deixar de passar recados ou fornecer informações que podem ter grande influência em uma decisão. Um "guardião" que mencione achar rude um determinado fornecedor pode fazer com que um chefe ou colega não queira manter contato com esse fornecedor. Alguns CEOs são muito próximos de seus assistentes pessoais e irão, de forma bem natural, pedir a opinião deles sobre alguém que venham a conhecer. Deve-se ficar atento à influência de um "guardião" no processo de vendas. Talvez eles não sejam concretizadores de negócios, mas certamente podem ser arruinadores de negócios.

5   Os usuários:
Tomemos como exemplo um grande investimento em novos aplicativos para o departamento de RH. Pode ser que o diretor de RH tenha a última

palavra. Entretanto, ele poderia pedir ajuda ao diretor de TI devido à sua experiência e ao CEO devido à sua autoridade. Enquanto isso, o assistente pessoal do diretor de RH, que atende ao telefone, agenda reuniões e responde as propostas que são apresentadas, terá uma influência sobre os eventos.

Existem também os usuários propriamente ditos do produto. Esses são as três pessoas do departamento de RH que usarão o *software* no dia a dia. O diretor de RH também pedirá a opinião deles.

TRABALHANDO COM A DMU

Para um consumidor, a decisão de compra em um supermercado pode levar alguns instantes. Já em uma grande corporação, se for um alto investimento, com efeitos de grande alcance em toda a organização, o processo pode levar anos. Em uma compra na qual exista uma série de tomadores de decisão, é pouco provável que você será capaz de despender o mesmo tempo com todos eles. Será preciso então, priorizar.

Você terá que decidir quais pessoas têm maior influência. Por exemplo, entre os usuários, pode ser que existam pessoas que trabalham no departamento há mais tempo e cuja opinião é particularmente respeitada. De modo a concentrar os seus esforços de maneira mais eficaz, é preciso tentar entender como as pessoas envolvidas na DMU se relacionam entre si.

A política entre os diferentes departamentos e as personalidades dentro de uma empresa pode ser vital para o resultado final. É preciso estar atento a isso e tentar aprender o máximo possível durante as visitas feitas, os telefonemas e na comunicação via *e-mail*. Em última instância, não é algo sabido e, portanto, será preciso fazer o maior número possível de perguntas.

- Como são tomadas as decisões?
- Que pessoas estão envolvidas?
- Quem são os principais responsáveis dentro da organização e dentro de cada departamento?
- Que pessoas estariam envolvidas em dar a aprovação?

- Quais são os critérios para compra?
- Como eles saberão quando fizeram a escolha correta?

Apenas fazendo perguntas continuamente é que se pode começar a entender quem será afetado por uma decisão de compra e quem estará envolvido no processo.

Caso esteja vendendo para uma DMU formada apenas por duas pessoas e esteja em frente delas, bastarão algumas poucas perguntas para averiguar aquilo que precisa saber. Se, entretanto, estiver lidando com várias pessoas em uma grande organização, serão necessárias inúmeras perguntas e um período de tempo antes de poder entender o processo de compra da organização. Você deve ouvir cuidadosamente. Aquilo que não é dito pode ser tão importante quanto aquilo que é dito.

Observe quem recebe e quem não recebe cópia nos *e-mails*. Que pessoas participam de quais reuniões? Algumas vezes poderia ser um importante influenciador ou tomador de decisão que não participa das reuniões. Pode ser preciso tentar e fazer com que elas se envolvam de alguma forma, pois sem a presença delas, pode ser mais difícil fechar o negócio já que, se elas não estiverem lá, você dependerá de seus colegas para vender sua solução em seu nome. Como possivelmente elas não serão tão eficazes quanto você, esse cenário está bem distante do ideal.

Existem inúmeros fatores a serem levados em conta ao lidar com DMUs. Muito dependerá da empresa e do tipo de produto ou serviço que se está vendendo. Quando se tem um entendimento dos participantes mais importantes dentro de um processo de compra, vale a pena buscar um defensor entre eles, isto é, alguém que seja entusiasta pela sua solução e que será positivo na sua ausência. Não será possível você estar presente em todas as reuniões e participar de todas as conversações que ocorrem. Ter um defensor significa que alguém está transmitindo o seu ponto de vista, mesmo quando você não está presente. Em ciclos de vendas mais longos, pode ser bem difícil manter a coisa andando. Ter um ou dois defensores dentro de uma organização ajudará a manter a sua solução em consideração. Talvez seus defensores também queiram dar informações críticas à medida que as circunstâncias mudam ou surgem oportunidades. Em vendas complexas, com diversas personalidades envolvidas, ter um defensor dentro de uma organização pode pesar muito nas suas chances de sucesso.

A ORGANIZAÇÃO DE VENDAS

Para serem bem-sucedidas, as organizações devem ser voltadas para o cliente, isto é, completamente focadas em colocar o cliente acima de tudo. Venda diz respeito a apresentar possibilidades e resolver problemas. Em última instância, trata-se de ajudar as pessoas. Portanto, uma organização voltada para o cliente também é uma organização voltada para vendas. Em uma organização voltada para vendas, todo mundo tem que estar envolvido nas vendas. Talvez você possa ter um vendedor ou uma equipe de vendas dedicados a esta parte do negócio. Entretanto, considerar vendas como uma atividade que é de responsabilidade exclusiva de uma pessoa ou departamento é imprudente. Em uma organização voltada para vendas, todo mundo aceita poder ser chamado para conversas com seus colegas de mesmo cargo em uma empresa que pode vir a se tornar um futuro cliente de modo a facilitar que o negócio ocorra.

Pode ser que, como dono da empresa, você precisará conversar com seu colega de mesma função em uma empresa que pode vir a se tornar um futuro cliente. Seja de diretor de TI para diretor de TI ou de diretor operacional para diretor operacional, normalmente será conferida maior autoridade e sinceridade a uma promessa quando esta sair da boca de um colega de mesmo cargo da outra empresa. Isso é particularmente verdadeiro ao lidar com um grande contrato ou compra na qual a percepção de risco é relativamente alta. Independentemente do quão longe o vendedor ou a equipe de vendas possam levar as negociações, poderá ser preciso o envolvimento de outras pessoas da organização para garantir o negócio. A percepção de risco pode se esvair mais rapidamente quando o dono de uma empresa cumprimenta o dono de uma outra empresa. A palavra de um vendedor nem sempre traz consigo a mesma confiança ou autoridade que o dono da outra empresa traz.

Isso pode se permear por toda a empresa. Seu assistente pessoal talvez tenha que se relacionar com os assistentes pessoais de suas empresas-cliente. É preciso entender que vendas e atendimento ao cliente caminham de mãos dadas, e que essas atividades são desenvolvidas em vários níveis.

Vender, hoje em dia, é uma atividade complexa e não necessariamente a atividade solitária de um único departamento. Certas vezes, uma compra envolverá apenas um comprador e um vendedor. Em outras haverá várias pessoas envolvidas. Independentemente do tamanho da DMU, tenha em mente que cada pessoa envolvida na compra terá suas próprias prioridades de caráter profissional, pessoal, emocional e prático.

Quando uma DMU compreende pessoas diversas, é essencial determinar cada um dos envolvidos. Deixar de fora aquela pessoa que é fundamental para a decisão final poderia lhe custar o negócio. Não obstante, poder ajudar a solucionar o problema de um cliente, não lhe será dada a oportunidade para demonstrar isso. Garantir uma venda de grande valor talvez não diga respeito a uma única pessoa. Esteja preparado para se envolver com outras pessoas em sua organização. A transparência é vital. Talvez seja preciso que pessoas de cargos equivalentes das duas empresas se encontrem. Isso renovará a confiança do comprador e significará que haverá uma maior probabilidade dele comprar efetivamente. Finalmente, para que isso ocorra, todos de sua organização devem ser competentes no campo de vendas.

Fazendo Perguntas – o Diagnóstico   12

PARTE I: A RELAÇÃO MÉDICO-PACIENTE

- Toda compra resolve um problema.
- O problema é do seu cliente.
- Em última instância, cabe a eles resolvê-lo.
- Tudo o que você pode fazer é ajudá-lo.

> O seu médico lhe receita uma caixa de comprimidos, mas se você realmente vai tomar e completar o tratamento, ficará a seu cargo. Está fora do controle do médico. Se estiver doente, você irá a um médico que talvez lhe forneça uma solução para remediar o problema. Talvez seja necessário você se dirigir a uma farmácia, aviar a receita e seguir as instruções. Você pode até ter tido ajuda, mas, em última instância, é você que deve agir para solucionar o problema.

É exatamente isso que acontece com vendas. O vendedor até pode dar conselhos e recomendações, mas cabe ao cliente tomar uma atitude para solucionar o problema.

Um vendedor que faz perguntas não difere em nada de um médico que está fazendo um diagnóstico. É preciso aprender com o cliente, pois caso não se compreenda a realidade do cliente em sua totalidade, não será possível dar qualquer recomendação que seja apropriada ou que valha a pena.

Durante um diagnóstico de vendas, o cliente ganhará um entendimento e consciência da própria situação e que, provavelmente, ele não tinha antes do encontro com o vendedor. Em seguida, podemos dar algumas recomendações e apresentar opções, depois do que caberá ao cliente agir.

Portanto, fazer perguntas é uma parte fundamental do processo de vendas. Elas possibilitam que se ganhe um entendimento da realidade do cliente e, ao mesmo tempo, garantem que ele participe do processo, em vez de somente o vendedor ficar falando.

O processo diz respeito ao cliente e não a você:

- As pessoas irão esquecer o que você diz. É mais provável que elas se recordem daquilo que elas próprias dizem.
- As pessoas não acreditarão, necessariamente, naquilo que você diz. Normalmente elas acreditarão naquilo que elas próprias dizem.

No modelo de vendas tradicional, grande parte da venda era construída em torno do vendedor que apresenta e fala do seu produto ou serviço, enquanto o cliente ouve. A apresentação é ineficaz, pois ela força que o vendedor faça muitas suposições sobre a situação do cliente. Consequentemente, inadvertidamente, a ênfase é no vendedor, não no cliente. A única maneira de realizar uma apresentação que talvez venha a ser eficaz é angariar a empatia do cliente e fazer um diagnóstico primeiro. Porém, um diagnóstico completo dispensa uma apresentação, tornando todo o exercício fútil.

Ao vender, seu papel não é o de apresentar, mas o de facilitar um processo que dê ao cliente uma nova perspectiva da própria situação. É o cliente que tem um problema e, consequentemente, é ele que tem que encontrar a solução. Isso somente pode ser alcançado através de um processo interativo. É preciso fazer as perguntas certas para que você e o seu cliente descubram o que é apropriado para ele, dadas suas circunstâncias.

Apenas explorando completamente a situação de um cliente você poderá ser capaz de se certificar se pode ou não ajudá-lo. Uma venda, por definição é, portanto, necessariamente reativa. É preciso que o cliente fale primeiro de modo a explicar sua posição. Somente depois disso você pode responder. Você não difere em nada de um médico que realiza um diagnóstico. Antes de poder expressar qualquer opinião, é preciso entender as questões, os problemas e suas ramificações. Em outras palavras, é preciso saber: as origens da dor, onde dói, com que frequência dói, os problemas que está causando, quem e o que mais está afetando e o que ele espera de uma solução. Apenas depois disso você será capaz de dar algumas recomendações refletidas.

Caso você visite o mesmo médico há anos, e tenha ficado contente com suas indicações, é bem provável que você se abra e responda às perguntas quando questionado. Entretanto, caso seja sua primeira consulta, naturalmente você estará um tanto receoso. Isso não difere nada de um cliente se encontrando com você pela primeira vez. Será mais fácil conseguir que um cliente se abra e fale caso você já desfrute de uma boa relação duradoura com ele.

É por isso que *leads* para vendas provenientes de uma indicação são mais fáceis de serem tratados. Há uma pequena dose de verdade instilada na relação pela pessoa que fez a indicação, ao passo que um *lead* frio exigirá maior cuidado já que a relação tem que ser desenvolvida da estaca zero.

DESENVOLVIMENTO DE RELAÇÕES

Os negócios são orientados pelas relações. Até que ponto uma relação deve ser desenvolvida dependerá do produto ou serviço que estiver vendendo. Uma compra barata talvez permita apenas um único encontro. Não se pode esperar a criação de uma relação sólida em apenas um encontro. Entretanto, pelo fato de os riscos de uma compra de baixo custo serem pequenos, a relação não precisaria estar significativamente avançada para que um cliente se sentisse suficientemente à vontade para efetuar a compra.

Por outro lado, caso esteja vendendo um artigo de custo elevado, provavelmente haverá maior risco associado à compra. Neste caso, a relação teria que ser cultivada antes da ocorrência da aquisição, mas devido à ordem de valor do pedido, exigirá mais tempo e investimento para isso acontecer.

Para que se possa desenvolver relações duradouras, é preciso se tornar amigo do cliente. A melhor forma de fazer isso é encontrar coisas em comum. Vocês dois têm filhos? Você cresceu em uma parte do mundo ou em circunstâncias similares? Vocês têm os mesmos interesses ou *hobbies*? Não é difícil encontrar algo em comum com outra pessoa e ser capaz de estabelecer algum tipo de vínculo e relação com ela, durante um pequeno bate-papo. Portanto, fazer perguntas no início do encontro, através de uma conversa informal, pode ser inestimável. Por exemplo:

- Mas o tempo está horrível hoje, não é mesmo?
- Você viu o jogo ontem?
- Como foi o seu dia?

Qualquer um desses tipos de pergunta será um bom ponto de partida para uma conversa enquanto você se acomoda e se prepara para o encontro. Independentemente de fazer referência a uma notícia ou qualquer outra coisa de interesse, se você tiver autoconfiança e uma postura cordial, a maioria das pessoas estará disposta a um bate-papo.

Converse apenas sobre coisas de seu real interesse e sobre as quais tem certo conhecimento. Não tente ser alguém que não é. Você sempre tem que ser genuíno com seus clientes. Esteja interessado na pessoa. As pessoas percebem quando se está genuinamente interessado nelas. Igualmente, elas percebem quando se está sendo fútil.

Finalmente, realizamos negócios com pessoas que gostamos. Caso tenhamos um amigo que forneça um determinado produto ou serviço que estamos necessitando no momento, e ele puder nos ajudar, provavelmente não iremos atrás de outra opção. Tornar-se amigo de seus clientes torna seu trabalho mais agradável e ajuda a deixar a concorrência de fora. Se alguém gosta de você, ela estará predisposta a querer usar seus produtos ou serviços, caso possam. Despender alguns momentos em uma pequena conversa informal é uma maneira gentil de se iniciar uma reunião e também uma excelente forma de finalizá-la. Portanto, no final de uma reunião, enquanto recolhe as suas coisas, você pode perguntar:

- O que irá fazer no fim de semana/nas férias/no Natal, etc.?
- Você terá um dia cheio pela frente?
- Vai fazer algo interessante essa noite?

Seja lá o que for, encerrar um encontro com um pouco de conversa informal é uma forma amável de concluí-lo. Permite que você finalize com um tom pessoal e que ambos possam se conhecer um pouco melhor e, portanto, desenvolvendo a relação em níveis mais profundos do que aquele puramente comercial. Lembre-se, as pessoas não têm apenas interesses profissionais e de ordem prática, mas também emocionais e pessoais.

Para facilitar isso, é preciso mostrar que você é uma pessoa genuinamente interessante para se conhecer. Assim você encontrará pessoas interessadas em conhecê-lo, em conversar com você e que têm prazer de estar em sua companhia. Assista o noticiário e entenda o que está se passando e leia sobre tópicos relacionados. Garanta ter assuntos sobre os quais possa conversar. Se gosta de esportes, pegue um assunto de seu interesse e adquira certo conhecimento sobre ele. Como empresário, administrando funcionários, fornecedores e relações com os clientes, seu negócio são as pessoas. Por isso é realmente importante dominar ser uma pessoa do povo.

A RELAÇÃO MÉDICO-PACIENTE

Nós nos abrimos com um médico por duas razões principais, além da possibilidade de já termos uma relação contínua com eles.

1 Acreditamos que ele seja um especialista em sua área. Em virtude de ser um médico qualificado, atendendo em uma clínica de renome, acreditamos que ele saiba do que está falando. Desde que ele reforce essa expectativa durante o tempo em que passamos com ele, normalmente ficamos contentes com as suas indicações.

O mesmo acontece com vendas. Temos que demonstrar nossa *expertise*. Podemos fazer alusão a isso colocando em nosso cartão de visita quaisquer qualificações relevantes. Elas serão notadas pelo cliente. Também podemos, em momentos oportunos durante uma reunião, fazer menção de artigos de nossa autoria, palestras dadas, relatórios produzidos, associações relevantes das quais fazemos parte ou qualquer coisa que possa nos colocar como uma autoridade no assunto. Entretanto, a melhor forma de afirmar nossa *expertise* é através de perguntas boas e pertinentes que façam com que o cliente pense na própria situação. Dessa forma, não apenas transmitiremos confiança a ele de que realmente conhecemos o assunto, como também o cliente tira proveito da reunião. Quanto mais útil nossos clientes acharem o tempo que passaram conosco, maiores as chances de eles nos considerarem um especialista.

2 Confiamos em nosso médico porque acreditamos que ele esteja agindo segundo nossos interesses. Isto é, ele não tem nenhuma prioridade particular e está lá para nos ajudar.

Da mesma forma, um cliente deve acreditar que estamos agindo para defender seus interesses. Instintivamente nos sentimos desconfortáveis quando alguém está tentando nos vender algo e achamos que este não seria o caso naquele momento. Se agirmos genuinamente em prol dos interesses de um cliente, isso normalmente transparecerá e as pessoas reagirão de forma positiva. Aí elas provavelmente ficarão mais à vontade e, consequentemente, responderão a perguntas, de modo que teremos uma conversa significativa.

Um médico não será capaz de diagnosticar um paciente caso este se recuse a explicar o problema e se recuse a descrever os sintomas ou a conversar sobre o seu estilo de vida, mesmo que isso seja um pouco embaraçoso. Da mesma forma, se um cliente fica retraído e não nos diz as coisas que realmente precisamos saber, será muito difícil encontrar uma solução apropriada para ele. Ao demonstrar nossa *expertise* e agirmos genuinamente em prol dos interesses do cliente, faremos com que um cliente potencial comece a se sentir à vontade e, portanto, com maiores chances de se abrir conosco, exatamente como na relação médico-paciente.

PARTE II: A FALÁCIA DAS PERGUNTAS ABERTAS E FECHADAS

Existe uma falácia em torno da ideia das perguntas abertas e fechadas. É a que diz que se usarmos perguntas abertas, em vez de perguntas fechadas, faremos com que nossos clientes se abram de modo que será possível obter as informações que precisamos. Perguntas fechadas são aquelas que precisam ser respondidas apenas com um "sim" ou um "não". Por exemplo:

- Você está contente com o seu fornecedor atual?
- Você revê seus contratos regularmente?

O entendimento que reina é que pelo fato de essas perguntas precisarem ser respondidas apenas com um "sim" ou um "não", elas são ineficazes na geração de maior discussão, enquanto as perguntas abertas – que são iniciadas com "como", "qual", "onde", "quando", "quem", "o que", "por que" – significam que obteremos respostas mais completas as nossas perguntas.

Embora as perguntas abertas normalmente sejam melhores a serem feitas, simplesmente não é verdade sugerir que as perguntas abertas fazem com que as pessoas se abram e as perguntas fechadas não. No mínimo, é uma supersimplificação grosseira.

Em primeiro lugar, as perguntas abertas não fazem, necessariamente, que as pessoas se abram:

P: *"Como você classifica seus fornecedores?"*
R: *"Baseado no custo".*

P: *"Quem é o responsável pela sua empresa?"*
R: *"O Jim".*

P: *"O que você normalmente busca em seus fornecedores?"*
R: *"O local em que se encontram".*

Nenhuma dessas respostas é particularmente aberta, embora todas sejam em resposta a perguntas abertas. Da mesma forma, poderíamos perguntar: "Você tem boas relações com seus atuais fornecedores?" Embora esta seja uma pergunta fechada e, teoricamente, precisa de apenas um "sim" ou um "não", um cliente poderia optar por responder de uma forma bastante aberta e completa com algo como: "Bem, na verdade não e a razão para isso é ...". Ele poderia então enumerar uma longa lista de razões por não estar contente com seu fornecedor atual.

A questão nisso tudo: quando ouvimos políticos sendo entrevistados, normalmente lhes são feitas perguntas fechadas. Os entrevistadores gostam de fazer perguntas fechadas aos políticos, por exemplo: "Não é verdade que o número de crimes aumentou no último ano?" O entrevistador conhece claramente os números e na verdade quer que o político diga "sim" em cujo caso o político ficaria em palpos de aranha. "Ah! Então o senhor concorda que o número de crimes aumentou!" Mas, é claro, um político jamais responde uma pergunta fechada com uma resposta fechada. Portanto, normalmente a resposta será do tipo: "Bem, na verdade, acredito que o real indicador nesse caso é ..." e assim eles saem pela tangente com uma resposta aparentemente aberta em resposta àquilo que pretendia ser uma pergunta bastante fechada.

Da mesma forma, celebridades que são entrevistadas em programas de rádio e TV, darão uma resposta aberta, mesmo que o entrevistador tenha feito uma pergunta fechada. Assim, um entrevistador perguntaria: "Você gostou de ter gravado o novo disco?" Um cantor não optará por responder simplesmente "sim" ou "não", mas preferiria responder com algo mais completo, relatando anedotas bem ensaiadas sobre as sessões de gravação.

> P: Por que pessoas, como políticos e celebridades, respondem perguntas fechadas com respostas abertas?
>
> R: **Porque é do interesse deles** responder com uma resposta aberta, mesmo que lhes seja feita uma pergunta fechada.

Uma celebridade aparece na TV ou no rádio para vender seu novo filme, seu último livro ou seu próximo disco e é interesse deles passar a imagem de uma personalidade. Eles querem fazer com que a audiência ria com histórias fascinantes e passem a ideia de serem queridos. Portanto, eles não darão respostas fechadas, pois não é interesse deles fazê-lo.

Da mesma forma, os políticos não querem dar uma resposta fechada. Eles estão lá para justificar sua política e provar que estão fazendo um bom trabalho ou que poderiam realizar um melhor trabalho e deveriam estar no governo. Portanto, eles querem usar tempo de transmissão para apresentarem seus casos. Eles não irão dar respostas fechadas, pois não é do interesse deles fazê-lo.

Ocorre exatamente o mesmo quando se trata de clientes potenciais. Se um cliente acredita que é de interesse dele responder, ele ficará satisfeito em dar uma resposta aberta e não apresentará uma resposta fechada, mesmo para uma pergunta fechada. Se ele não for do tipo conversador e dá uma resposta limitada, você poderá fazer uma pergunta complementar. Por exemplo:

P: *"Que critérios você usa na busca de fornecedores?"*
R: *"Custo e localização".*
P: *"Seria possível explicar um pouco melhor?"*

Se ele achar que é de interesse próprio responder a pergunta, ele responderá da forma mais fluente possível.

Por outro lado, não importa quantas perguntas se faça, se alguém não acha que é do próprio interesse responder a pergunta. Provavelmente você receberá respostas fechadas e evasivas. Fazer perguntas abertas pode ajudar uma conversa fluir de forma um pouco mais fácil, mas não é a panaceia para indagação eficaz quando se vende. Em última instância, um cliente apenas dará respostas completas às suas perguntas caso ele perceba que **é do próprio interesse** assim fazê-lo.

PARTE III: CLAREZA AO USAR PROBLEM MAPS™

OBTENDO RESPOSTAS PARA SUAS PERGUNTAS

As pessoas estarão preparadas para responder completamente as suas perguntas caso percebam que é do interesse delas assim fazê-lo. Algumas vezes, isso pode ser alcançado estabelecendo prioridades que demonstrem ao cliente que esse é o caso.

Quando consultamos um médico, sabemos que ele não pode nos ajudar a menos que contemos a ele o que está acontecendo. Portanto, quando o médico nos pede para descrever o problema, fazemos um relato relativamente detalhado, pois sem este sabemos que o médico não poderá nos ajudar.

Podemos estabelecer prioridades similares, como em nossa analogia médico-paciente, quando estivermos em uma situação de vendas. Isso pode ser alcançado introduzindo uma primeira pergunta de uma série de formas:

- "Não sei se poderei lhe ajudar, mas quem sabe eu possa lhe fazer algumas perguntas para daí obtermos essa resposta?"
- "Para que eu saiba se poderei ajudá-lo, posso lhe perguntar...?"
- "Não sei se poderei lhe ajudar, portanto, posso lhe perguntar...?"

Iniciando nossa indagação com esses tipos de pergunta, demonstramos que é do interesse do próprio cliente respondê-las, já que o único propósito das perguntas é ver se podemos ajudá-lo. Além disso, como é perfeitamente lógico que não poderemos ajudá-lo sem primeiro compreender a sua situação, você descobrirá que estabelecendo esse tom, os clientes geralmente serão receptivos.

Entretanto, não é suficiente estabelecer as prioridades corretas. As pessoas vão querer responder abertamente apenas aquelas perguntas que entendam ser interessantes ou úteis para elas. Portanto, cuidado! Inicie o seu questionário com perguntas banais, ou seja, de pouca relevância para o cliente. Por exemplo:

P: *"Quantas pessoas você emprega, John?"*
R: *"26".*

John já sabe disso e não é algo empolgante para ele. Ela não representa uma tomada de consciência nem é algo que faz John perder o sono. É simplesmente um número.

P: *"Há quanto tempo você dirige a empresa, John?"*
R: *"Cinco anos".*

Da mesma forma, esta é mais uma pergunta corriqueira. Para John, é algo sem interesse e de pouco significância para os problemas que ele atualmente enfrenta. Se essas são coisas que você precisa saber, elas são perguntas que você poderia fazer muito mais à frente, quando você já tem um certo entrosamento com o cliente e as relações estão começando a se desenvolver.

Você deve começar fazendo perguntas que sejam de interesse do cliente e que ele ache que vale a pena responder. Tais perguntas estarão relacionadas às áreas de importância do cliente. Elas serão as questões sobre as quais ele normalmente está pensando e problemas que o fazem perder o sono. Essas perguntas têm maiores chances de ajudá-lo, trazendo à tona as questões pertinentes e os problemas que talvez você possa solucionar.

FAZENDO PERGUNTAS USANDO PROBLEM MAPS™

O treinamento ao qual um médico é submetido dá a ele argumentos para fazer perguntas pertinentes. Se você chegar ao seu consultório com dor de garganta, ele fará perguntas de ordem médica que giram em torno de questões que eles sabem que é preciso entender. Depois de perguntar os sintomas diretos, talvez ele use um conjunto de perguntas mais amplo de modo a apreciar todo o contexto do problema. Essas perguntas podem ser referentes ao estilo de vida. Portanto, elas podem cobrir áreas como: fumo, exercícios físicos, dieta, trabalho e se você se encontra sob muita pressão etc. Somente depois de compreender todas essas questões que um médico poderia começar a sugerir algumas soluções.

Assim como o doutor tem conhecimento médico, nosso Problem Map™ é o nosso conhecimento. O Problem Map™ indica as motivações do consumidor e os problemas que provavelmente está enfrentando. Ele nos dá um entendimento dos problemas que essas questões poderiam causar e onde podemos ajudar e agregar valor. Portanto, é o Problem Map™ que nos dará a orientação para nossas perguntas. Concentrando-se inicialmente nas perguntas relacionadas ao nosso Problem Map™, garantimos que faremos perguntas pertinentes, em vez daquelas corriqueiras. Usar nosso Problem Map™ como guia também garante que começaremos nosso diálogo em torno dos problemas e não das soluções.

Se iniciarmos diretamente com as soluções:

- Não saberemos se elas são apropriadas e talvez elas não sejam mesmo.
- Mesmo que fossem apropriadas, ainda não teríamos nenhuma credibilidade.

Se for a um médico e logo que chegar e sem um diagnóstico completo ele lhe receitar que tome um dado comprimido três vezes ao dia, mesmo que a indicação dos comprimidos estivesse correta, você não teria a mínima confiança nesse médico. O mesmo se aplica aos vendedores com seus clientes. Eles devem começar a falar sobre as questões imediatas do cliente. Em seguida eles poderão desenvolver essas questões, adquirir um real entendimento das preocupações do cliente e, somente aí, começar a dar recomendações.

- Não se pode iniciar uma jornada, partindo de seu destino final.
- Sempre se deve começar pelo seu início.
- Em vendas, isso significa começar com os problemas.

Nosso Problem Map™ é um guia para os problemas que um cliente possa estar passando. Não saberemos necessariamente quais desses problemas, se realmente existir algum, são pertinentes. Portanto, sempre devemos iniciar nossa indagação com perguntas leves, girando em torno dos quatro Problemas Principais do Problem Map™. Se o cliente então indicar que esses são de fato problemas para ele, poderemos usar nosso Problem Map™ como base para aprofundamento.

Se dermos uma olhada em nosso Problem Map™ (Tabela 5.1, página 61) de nossa empresa imaginária, a Fictional Recruitment, podemos começar a entender como conferir clareza ao nosso questionário. Portanto, se estivermos visitando um cliente potencial, nossa primeira pergunta branda poderia ser:

"Como você está recrutando pessoal no momento?"

A resposta dele poderia ser:

"Lidamos com o processo por conta própria, internamente."

- O problema principal 1 é "Estou à procura de um candidato adequado e não consigo encontrar ninguém".
- O problema principal 2 é "Estou muito ocupado para assumir todo o processo de recrutamento e seleção".
- O problema principal 3 é "Preciso de alguém já e não posso esperar pela realização de todo o processo".

Como todos esses três problemas estão relacionados de alguma forma à pressão de prazos, assim que descobrirmos o processo que é realizado internamente, nossa próxima pergunta poderia ser:

"Quanto tempo normalmente leva o processo?"

Qualquer pergunta que faça alusão a qualquer um dos três problemas principais em questão permitirá que nos aprofundemos mais. Portanto, por exemplo, o cliente poderia responder:

"O processo tende a demorar muito, pois estamos ocupados com outras coisas."

Sabedores dos problemas resultantes que figuram em nosso Problem Map™ abaixo dos problemas principais 1 e 2, poderíamos então responder perguntando ao cliente como isso afeta o seu negócio.

Portanto, a partir do momento que começamos a falar sobre quanto tempo leva para recrutar pessoal, e o quão ocupado o cliente está, poderíamos introduzir temas girando em torno do moral no escritório, o cumprimento do prazo de entrega deles e o desequilíbrio na vida profissional/pessoal; todos os quais são áreas que nosso Problem Map™ indica que podem ser afetados. Se seu foco for exclusivamente apresentar possibilidades e a solução de problemas, naturalmente se desenvolverá uma conversa já que o cliente se sentirá à vontade e irá se abrir com você. Isso acontecerá apenas se você colocar os interesses do cliente na essência daquilo que você faz.

Obviamente, a resposta a nossa primeira pergunta branda: "Como você está recrutando pessoal no momento?" poderia ter sido:

"Atualmente temos três fornecedores."

Caso esse seja o caso, a Fictional Recruitment focaria suas ideias em nosso Problem Map™ (Tabela 5.2, página 64) que lida com os problemas que uma empresa poderia ter caso já tivessem algum fornecedor. É impossível estar preparado para todas as situações imagináveis. Haverá vezes em que simplesmente você não terá condições de ajudar o cliente. Porém, caso tenha criado todos os Problem Maps™ relevantes para os cenários pertinentes ao seu negócio, você perceberá que está bem preparado para a maioria das situações. As experiências tidas com clientes serão realimentadas nos Problem Maps™, que devem ser revistos regularmente, garantindo assim que eles continuem relevantes.

EMPATIA E *EMPOWERMENT*

É importante avaliar que você estará tocando em questões e áreas que podem ser particularmente delicadas a um cliente. Isso significará que às vezes terá que apresentar essas questões delicadamente. Por exemplo, perguntar diretamente: "Você acha que tem decepcionado seus clientes?" não é uma forma particularmente diplomática e, consequentemente, é uma pergunta que pode fazer com que o cliente se posicione na defensiva. Isso pode significar que a resposta será breve e evasiva.

Portanto, é importante criar o máximo de empatia possível com o cliente. A maneira mais fácil de fazê-lo é demonstrar seu entendimento da situação, dando como referência outros clientes que passaram por problemas semelhantes. Portanto, em vez de perguntar na lata ao cliente se ele tem decepcionado seus clientes, talvez você possa introduzir essa ideia de uma forma diferente:

"Temos visto que alguns de nossos clientes têm tido dificuldade no recrutamento e, inadvertidamente, acabam decepcionando seus clientes. Não era intenção deles que isso acontecesse, mas eles têm tido problemas de falta de pessoal. Não sei se isso é relevante, mas você alguma vez já passou por esse tipo de situação?"

Usar outros clientes como exemplo para introduzir o problema é menos ameaçador – em parte porque é menos direto. Essa abordagem possibilita que se crie um certo grau de empatia com o cliente já que você está falando de uma situação ocorrida anteriormente. Finalmente, ao fazer alusão ao fato de que outras pessoas também já passaram pelo mesmo problema, você faz com que isso pareça menos embaraçoso, pessoal e delicado, ficando, portanto, muito mais fácil para o cliente falar a respeito do assunto.

Ao introduzir questões delicadas em uma discussão, é possível que um cliente se sinta apreensivo e fique na defensiva. Enquanto esses sentimentos persistirem, ele se sentirá com menor controle da situação. Nesse ponto, provavelmente ele se fechará e relutará em responder às suas perguntas de forma abrangente. Portanto, é vital que durante a sua indagação haja garantia de que o cliente sempre tenha uma certa sensação de controle. As perguntas podem ser introduzidas com frases como:

- "Não sei se você achou isso, porém..."
- "Não sei se isso é relevante, mas..."
- "Estou interessado em entender os seus sentimentos ou opiniões sobre..."
- "Outros clientes têm dito que ... mas estou curioso em saber a sua opinião sobre..."

A implicação é que o cliente terá que lhe dizer, afinal é ele que decide. Isso ajuda a dar a ele uma sensação de controle e também impede que se faça perguntas baseadas em suposições. Da mesma forma, perguntar aos clientes quais são seus sentimentos, pensamentos e opiniões, irá ajudar a fazer com que se sintam à vontade. Geralmente as pessoas gostam de dar opinião e todos nós já tivemos problemas em dar nossa opinião quando ela não foi pedida. Pedir ao cliente o seu ponto de vista impede que a indagação pareça mais com um interrogatório que, evidentemente, jamais deverá ter esse aspecto. Fazer perguntas é uma oportunidade e tanto para o vendedor como para seu cliente de conhecer mais a situação e tirar as melhores conclusões possíveis.

Quanto mais você puder ajudar um cliente a se sentir bem quanto ao fato de estar envolvido no processo, maiores serão as chances de ele se tranquilizar e sentir empatia por você. Portanto, se um cliente fizer uma pergunta, usar a frase "Esta é uma boa pergunta", antes de responder, fará com que ele tenha uma sensação positiva em relação ao fato de estar envolvido no processo. Se um cliente fizer uma boa observação, comentário, diga: "Este é um ponto interessante". Se ele lhe perguntar algo que você chegará a abordar mais à frente, diga: "Fico feliz por ter me perguntado isso".

Estar envolvido no processo de venda não é fácil para o cliente. A apresentação de possibilidades pode introduzir novas ideias que poderiam sugerir mudança e deixar implícito que no momento o cliente não entendeu bem o que foi dito. Consequentemente, o processo todo pode ser extremamente intimidador e incômodo. Um médico tentará tranquilizar um paciente nervoso de modo a poder ajudá-lo a ajudar o próprio paciente. Você deve tranquilizar seu cliente, de modo que ele se abra com você e lhe dê melhores chances de ajudá-lo. Um médico se encontra numa posição privilegiada. Se ele abusar dessa posição com seu paciente, trata-se de prática inadequada da medicina e este pode ser punido e impedido de exercer a profissão. Igualmente, ao vender, o vendedor se encontra em uma posição privilegiada. Portanto, este também deve demonstrar integridade. Caso não possa ajudar o cliente, o vendedor deve estar preparado para deixar a negociação.

Sempre esteja aberto a novas ideias. Pode ser que o cliente levante questões que você não havia considerado previamente e sempre existirá um elemento de dúvida lhe rondando. Uma das muitas desvantagens de se almejar nichos de mercado, áreas geográficas restritas, empresas de determinado tamanho ou qualquer outro tipo de segmentação é que muitos dos problemas que os clientes estão enfrentando provavelmente são similares. Isso irá reduzir o número de vezes em que você poderá se destacar. Conversações recentes com outros clientes lhes darão ideias que serão relevantes em outros encontros.

PARTE IV: PROBLEMAS E SOLUÇÕES NÃO SÃO O BASTANTE

CRITÉRIOS PARA COMPRA – UM CONTEXTO MAIS AMPLO

Antes de receitar qualquer remédio, o médico irá fazer perguntas referentes ao estilo de vida do paciente. Isso porque embora um determinado tratamento usual até possa fazer com que o paciente melhore de forma mais rápida, também pode fazer com que ele fique um pouco sonolento durante o dia. Se o paciente opera máquinas perigosas ou algo similar que exija concentração, o tratamento usual será inapropriado. Nesse caso, a solução correta é uma dose menor a ser tomada apenas à noite, embora depois de um período mais longo. O médico precisa garantir que o contexto como um todo seja entendido antes de indicar um tratamento.

Ao travar contato com um cliente é inútil apenas entender as questões, os desafios e os problemas por ele enfrentados. Para que possa sugerir soluções apropriadas, é preciso entender corretamente a situação do cliente. Isso significa que se deve avaliar completamente o contexto em que essas questões, desafios e problemas existem.

Para que se possa entender o contexto de uma situação, deve-se estar ciente de que toda decisão de compra é afetada por questões emocionais, práticas, pessoais e profissionais. Sem ter um real entendimento de todas essas áreas, corre-se o risco de que qualquer solução sugerida parecerá inapropriada para o cliente.

Um Problem Map™ nos dá os fundamentos para entender os problemas que um cliente possa estar tendo. O emprego de um Problem Map™ irá conferir clareza ao fazermos perguntas sobre os problemas em si. Serão considerações de ordem prática, emocional, pessoal e profissional, relacionadas diretamente aos desafios apresentados em nosso

Problem Map™. Existirão outras áreas que se deve cobrir, que permitirão que se tenha um entendimento em um contexto mais amplo.

QUEM MAIS ESTÁ ENVOLVIDO?

> Um homem entra em uma loja em busca de um GPS. O vendedor, compreendendo os problemas que ele pode resolver, faz perguntas pertinentes a esse senhor. Após uma discussão aprofundada, o vendedor sugere uma solução apropriada. Ele sugere um sistema robusto e confiável. Embora este não seja dos mais atraentes, é, sem dúvida, o melhor deles. Ao lhe ser apresentada a solução, o cliente hesita, explica que precisa pensar a respeito e sai da loja sem efetuar a compra.

P: O que deu errado?
O vendedor deixou de fazer uma pergunta vital. Ele havia pressuposto que o GPS era para o senhor em questão. De fato era. Certamente foi essa impressão passada durante a discussão. Entretanto, o vendedor deveria também ter perguntado: "Alguém mais além do senhor irá usar o GPS?"

O vendedor teria então descoberto que aquele senhor emprestava o carro para a sua filha adolescente nos fins de semana. Ele estava ansioso para que ela usasse o GPS, pois não lhe agradava a ideia de ela ficar perdida à noite enquanto dirigia. O modelo sugerido pelo vendedor era um tanto volumoso e pouco atraente e o cliente não estava certo se sua filha adolescente iria querer usá-lo. Ele procurava algo um pouco mais delgado e inteligente. Portanto, quando lhe foi apresentado aquele modelo, ele decidiu que este não era o mais indicado e foi procurar outro em outra loja. O vendedor, obviamente, poderia ter ajudado e tinha um modelo que seria apropriado. Entretanto, por deixar de perguntar quem mais usaria o aparelho, ele não entendeu completamente o contexto em que essa decisão seria tomada.

Portanto, ao fazer perguntas, é importante não apenas se concentrar na(s) pessoa(s) a quem se dirige no momento e não esquecer o contexto mais amplo. De modo a garantir que se examine o contexto mais amplo, é preciso entender quem mais estará envolvido em tomar a decisão de comprar, quem será afetado pela decisão e quem fará uso do produto ou serviço que está sendo considerado.

AS EXPECTATIVAS DO CLIENTE

Quando está pensando em fazer uma compra, um cliente tem suas próprias expectativas preconcebidas. Algumas dessas expectativas podem ser de natureza prática, outras podem atender exigências de fundo emocional. Certas vezes as expectativas fogem da realidade. Em outras, elas poderão ser facilmente atendidas. Tais expectativas normalmente farão parte dos critérios de compra do cliente. Se não forem reveladas tais expectativas, é possível que as oportunidades serão perdidas. Portanto, deve-se fazer perguntas que revelem os critérios do consumidor. Por exemplo:

- "Como o senhor sabe quando entendeu perfeitamente algo?"
- "Como o senhor o imagina em funcionamento?"
- "Que resultado o senhor gostaria de ter"
- "Digamos que o senhor tenha resolvido isso. Seria possível explicar-me como seria isso?"

Ao fazer esses tipos de perguntas, você começará a compreender os processos mentais do cliente e a revelar os critérios práticos e emocionais por ele adotados.

BARREIRAS À CONCRETIZAÇÃO DE COMPRAS

Existem outras considerações que um consumidor levará em conta e que poderiam impedir que a compra fosse concretizada. Essas barreiras podem envolver a política dentro de uma organização ou uma relação, ou eventos e situações que possam vir a surgir. Sem entender quais são esses obstáculos, você poderá se ver fazendo sugestões inapropriadas para seu cliente, ou deixando de levar em conta fatores importantes ao apresentar uma solução. Portanto, será necessário fazer perguntas como:

- "O que o senhor acredita que impediria que essa solução funcionasse?"
- "O que faria com que essa solução parasse de funcionar?"
- "Existe alguma razão que o senhor consegue antever que impediria que isso viesse a acontecer?"

Fazer perguntas como essas normalmente revelarão informações valiosas se você for ajudar o seu cliente. Portanto, ao perguntar para, por exemplo, o diretor de RH se alguém mais está envolvido na decisão, ele dará uma resposta honesta: "não". Entretanto, posteriormente, quando você lhe perguntar: "O que o senhor acredita que impediria que essa solução funcione?", depois de considerável reflexão ele poderia responder que talvez o diretor financeiro poderia vetar a proposta caso acredite que ela não gere um retorno sobre o investimento adequado. Ao fazer essa pergunta, você começa a entender a política da organização. Você se conscientiza da necessidade de incluir o diretor financeiro no processo de compra. Também descobrirá que o retorno sobre o investimento é um critério de compra decisivo.

CONSIDERAÇÕES DE ORDEM EMOCIONAL

Existem certos artigos que adquirimos em muita emoção. Isso diferirá de pessoa para pessoa. Portanto, haverá pessoas que, por exemplo, ao comprar combustível para seus carros, terá a decisão influenciada por fatores emocionais. Entretanto, muitas pessoas compram combustível baseadas única e exclusivamente no preço e na conveniência, sem grande emoção. Da mesma forma, ao consumir itens como gás ou eletricidade, muitas pessoas se basearão exclusivamente no preço e na conveniência, com pouca consideração em qualquer outra coisa.

Entretanto, a maior parte das compras é influenciada por nossas emoções e, na maioria dos casos, nossas emoções são o fator mais importante em qualquer decisão que tomamos. É vital entender as emoções que um cliente sente. Consequentemente, ao explorar as circunstâncias de um cliente, devemos perguntar como ela se sente em relação a uma situação, bem como os aspectos práticos do problema que ele pode estar enfrentando. Portanto, um cliente pode tecer um comentário sobre o fato de não conseguirem acompanhar seus engenheiros quando estão fora do escritório. Ao perguntar como ele se sente a respeito disso, o cliente revelará seus medos e preocupações emocionais que questões referentes a aspectos práticos da situação não revelariam.

OUTRAS PERGUNTAS ÚTEIS

Em última instância, a única razão para fazer perguntas é garantir que tenhamos um completo entendimento da situação de um cliente. Quantas e quais perguntas deve-se fazer dependerá das circunstâncias individuais do problema. Áreas interessantes que devem ser consideradas, dependendo da situação, são as seguintes:

- Como surgiu o problema?
- Quando ele começou?
- Há quanto tempo ele existe?
- Ele está sendo provocado por alguma outra coisa?
- Ele está provocando outros problemas?
- Quando o senhor decidiu buscar uma solução?
- O que precipitou essa decisão?
- Há quanto tempo procura uma solução?
- O problema em questão é contínuo ou crítico em certos momentos?
- Quais são esses momentos?
- Que aspectos do negócio o problema afeta?
- Como ele afeta essas áreas?
- A quem ele afeta?
- O senhor alguma vez já tentou fazer algo a respeito antes?
- Em caso positivo, quando?
- O que aconteceu?
- Por que funcionou? / Por que não funcionou?
- O que mudou desde então?

JAMAIS PRESSUPONHA

Ao fazer perguntas, é preciso esclarecer tudo. Isso poderia parecer óbvio caso estivesse inseguro de haver entendido o que o seu cliente respondeu. Entretanto, mesmo que acredite ter realmente entendido, jamais pressuponha. É preciso fazer perguntas de modo a deixar claro que você entendeu completamente o que o cliente está dizendo. Por exemplo, o cliente poderia dizer que tentou corrigir esse problema antes, mas que a solução se mostrou muito cara. É fácil partir do pressuposto que você saiba o significado de "muito caro", porém, na realidade, você não sabe realmente. Os significadores poderiam ser, por exemplo:

- A solução ultrapassou as cifras que a empresa tinha em mente.
- A empresa simplesmente não tem o dinheiro e não poderia arcar com ela.
- O cliente com o qual está tratando tem liberação apenas para uma certa quantia e teria que colocar o chefe no processo de tomada de decisão, coisa que ele não está querendo fazer.

Pressupor que entendemos o que um cliente quis dizer pode fazer com que interpretemos mal a situação, nos impedindo de sugerir uma solução apropriada. Devemos, portanto, esclarecer exatamente o que o cliente está dizendo. Isso é melhor alcançado com um comentário como:

"Desculpe-me. Não tenho certeza que o tenha compreendido completamente. Poderia apenas lhe perguntar em que sentido a solução era muito cara?"

Pedir desculpas faz com que a pergunta não pareça ameaçadora e elimina qualquer sensação de que você está questionando a autenticidade daquilo que o cliente está dizendo. Você não quer que o cliente se sinta como se estivesse sendo desafiado, simplesmente, está tentando compreender a questão. Desculpar-se, portanto, ajuda a deixar o cliente à vontade. Lembre-se também que o cliente sabe do que está falando; a falha é sua em não compreendê-lo.

Então, um cliente poderia lhe dizer que estão financiando um projeto. Não se deve aceitar sem questionar. Ao contrário, você poderia replicar:

- "Desculpe-me, não entendi. Quando diz que estão financiando, o que quer dizer exatamente?"
- "Desculpe-me, seria possível explicar-me um pouco mais sobre isso?"

Isso porque, eles poderiam querer estar dizendo:

- A princípio, houve uma concordância na empresa de levantar um financiamento em um banco, mas eles ainda aguardam a aprovação desse empréstimo para irem adiante (em cujo caso, agora você tem ciência, para poder ajudá-los, sua solução também terá que satisfazer os critérios estabelecidos pelo banco).
- A empresa se candidatou a um empréstimo, mas ainda espera sua aprovação.
- A empresa não se candidatou a um empréstimo, mas sabe que ele está disponível (em cujo caso, você fica sabendo de duas coisas:
  I Seu ciclo de compra agora levará mais tempo, já que seu cliente aguarda aprovação do empréstimo.
  II Sua solução terá que atender às exigências do empréstimo disponível).

Sem esclarecer as respostas genéricas que um cliente dará, você não pode esperar compreender completamente a posição em que ele se encontra.

A IMPORTÂNCIA DA PARÁFRASE

Mesmo após ter esclarecido tudo que um cliente lhe disse, ainda é possível interpretá-lo de maneira incorreta ou de existir um mal-entendido. Qualquer imprecisão em seu entendimento da situação do cliente pode fazer com que qualquer sugestão sua se torne inapropriada. É útil, portanto, parafrasear o que o cliente disse, de modo a evitar que isso aconteça. Então, você poderia dizer:

"Bem, Sarah, deixe-me entender, apenas para ter certeza que compreendi corretamente..."

Mais uma vez, reprove a si mesmo. Não é culpa dela que você não tinha certeza se havia compreendido ou não, mas sim sua:

"... Apenas para ter certeza que compreendi corretamente. Existe financiamento disponível. Vocês ainda não se candidataram a ele, mas você acredita que a sua empresa estará qualificada para tal, pois é destinado a treinamento e a empresa se encontra dentro da região e do ramo de atividade exigidos?"

Se você reiterar corretamente, Sarah confirmará isso. Caso tenha ficado algum mal-entendido, ela irá corrigi-lo. Ao voltar um passo atrás e repetir aquilo que você imaginou que Sarah disse, você garante que não houve nenhum mal-entendido. Não apenas isso, mas você demonstrará sua consciência em tentar realmente compreender a situação dela. Isso terá ainda a vantagem adicional de seu cliente ter confiança em sua capacidade de ajudá-lo.

ALGO MAIS?

"Algo mais?" é uma das perguntas mais importantes que devem ser feitas. Essas palavras podem revelar uma miríade de questões, preocupações e exigências. Um cliente sempre repetirá a mesma história superficial que ele diz a todo mundo. Ao perguntar "algo mais?" normalmente se revelam as questões de forma mais aprofundada. Portanto, toda vez que tiver terminado de fazer perguntas a um cliente em torno de uma certa área, vale a pena finalizar com "algo mais?". Quando o cliente tiver terminado de responder, você pode perguntar mais uma vez: "Algo mais?". Normalmente as pessoas irão lhe dizer o que elas pensam que você quer ouvir ou aquilo que elas imaginam ser, em primeira análise, o mais importante. A pergunta "algo mais?" revelará uma série de outras informações e áreas que um cliente jamais teria explorado.

Fazer a pergunta "algo mais?" normalmente exigirá que o cliente considere de forma mais extensa uma dada situação. Ocasionalmente, eles podem perguntar "esqueci-me de algum detalhe?", ao que você precisa apenas responder: "Eu não sei, estou apenas perguntando para ter certeza que não perdi nada". Se não perguntar ao seu cliente se há algo mais, você corre o risco de perder informações que são importantes.

OUVIR

Ouvir é algo que a maioria de nós não faz particularmente bem. Se alguma vez você observar as pessoas interagindo em um restaurante, bar ou outro lugar, verá que eles estão falando uns com os outros durante todo o tempo. Todos nós gostamos de ser ouvidos e todos nós tivemos momentos em nossas vidas que nos sentimos ignorados ou mal interpretados. Portanto, interagir com alguém que está realmente interessado em você e não o interrompe é reconfortante. Se alguém estiver realmente nos ouvindo, ele reagirá favoravelmente, pois é incomum. Para que isso funcione, é preciso indicar ao cliente que você está ouvindo. Estabeleça contato visual caso esteja numa reunião face a face. Usar manifestações verbais como, "Entendo" ou "Ã hã", indicará a um cliente que você está interessado naquilo que ele está dizendo que, por sua vez, irá encorajar o cliente a falar.

- Quando você está fazendo perguntas, está diagnosticando.
- Você se encontra no "modo escuta", não no "modo falar".

As únicas coisas que lhes são permitidas é fazer a próxima pergunta, esclarecer uma afirmação ou reiterar o ponto anterior.

Tente não gastar muito tempo pensando sobre a próxima pergunta enquanto seu cliente está falando, pois você deixará escapar algo importante. Com a experiência, você descobrirá que a próxima pergunta lhe virá e a conversará fluirá naturalmente. Entretanto, não fique preocupado caso surja um pequeno intervalo de silêncio enquanto pensa na próxima pergunta a fazer. Normalmente o cliente apreciará isso, pois significa que você está realmente ouvindo e aceitando o que ele está dizendo. Sua atenção dará ao cliente maior confiança nas soluções por você indicadas posteriormente no processo. Além disso, muitas vezes você constatará que para preencher um silêncio, o cliente dirá alguma coisa a mais que, de outra maneira, não teria sido dita. Muitas vezes essa informação pode se mostrar extremamente importante.

Ouvir apropriadamente significa:

- Escutar.
- Compreender.
- Recordar-se.

Para garantir que escutamos exatamente aquilo que o cliente diz, devemos nos concentrar e prestar atenção. Para garantir a compreensão, devemos fazer perguntas esclarecedoras e parafrasear o cliente. Finalmente, de modo a se lembrar, é preciso tomar nota. Escreva tudo em um papel. Sem essas notas, não será possível se lembrar apropriadamente da conversa e pode ser que algo que você tenha esquecido será exatamente algo vital. Ouça tanto o que é dito quanto aquilo que não é dito. Algumas vezes, aquilo que um cliente deixa de dizer pode ser tão importante quanto aquilo que ele diz.

Finalmente, é preciso garantir que você faça **todas** as perguntas pertinentes. Isso é diagnóstico. Se obtiver um diagnóstico errado, a solução será errada também. Vender não diz respeito exclusivamente a problemas e soluções. A menos que você entenda o contexto como um todo da situação do cliente, você não se encontrará em condições de sugerir soluções apropriadas.

Quando é Chegado o Momento de Falar   13

Se um médico deixar escapar algo importante ao realizar um diagnóstico, então, em última instância, ele poderá prescrever ao paciente a medicação incorreta.

O mesmo acontece em uma reunião de vendas. Se deixar escapar algo enquanto conversa com um cliente potencial, tudo indica que você irá indicar a solução errada.

Portanto, jamais se deve começar a falar antes de se ter certeza de realmente entender a situação do cliente. Um médico não precisa falar muito mais durante uma consulta além das perguntas que deve fazer. Talvez apenas na parte final, quando o médico dá um diagnóstico e faz algumas sugestões que ele realmente deve começar a conversar.

Da mesma forma, além de fazer perguntas, inicialmente você deve falar muito pouco. O sucesso independe de quanto se fala. O foco da reunião deve ser no cliente. Como ninguém mais que o cliente conhece melhor a própria situação, é ele que deve falar.

Ao vender, as pessoas falam demais, pois estão muito preocupadas com seus próprios interesses, ou seja, concretizar o negócio. Não se preocupe com a transação em si. Quando você vai a um médico, sua primeira preocupação não é que tipo de comprimidos pode ser prescrito, ou qual injeção pode ser dada, ou qual especialista poderá lhe ser indicado. A conclusão da visita, no momento, é irrelevante. A real preocupação para o médico é obter o diagnóstico correto, pois as implicações de se obter um diagnóstico incorreto são, potencialmente, muito graves. Ao contrário, uma solução sugerida pelo médico, após um diagnóstico completo, tem muito mais chances de ser aceita pelo paciente.

Não é diferente em uma reunião de vendas. Se o vendedor obtiver o diagnóstico incorreto, as implicações são graves. Poderia significar a contratação de serviços inadequados e deixar o cliente decepcionado ou, de modo alternativo, deixar escapar uma oportunidade na qual o vendedor poderia ter ajudado.

Portanto, é chegado o momento de falar apenas quando você estiver satisfeito de ter completado o diagnóstico, ter feito todas as perguntas relevantes e, como consequência, achar que tem um bom entendimento da situação do cliente. Obviamente, independentemente do quão completo seja o diagnóstico, ao começar a discutir com um cliente, pode ser que venham à tona novas informações. Quando isso acontece, se necessário, é preciso retornar à fase de diagnóstico e fazer algumas perguntas adicionais.

AGREGANDO VALOR

A partir do momento em que você abre a boca, você está dando possibilidades – explorando opções e ideias de modo a ajudar o seu cliente. Para ser eficaz, deve-se ter um bom entendimento das possibilidades disponíveis e suas aplicações. Isso significa ser um especialista da área.

Demonstrar sua *expertise* a um cliente não deve ser feito somente pelo prazer de fazê-lo, mas sim de modo a agregar valor. Ao discutir os problemas e a situação de um cliente, deve-se tentar sugerir algumas ideias, dicas ou informações que o cliente não saberia de outra forma. Isso é verdadeiro em todas as situações de vendas. Porém, é particularmente pertinente ao vender serviços. Ao se vender um serviço, pelo fato de ele não poder ser visto ou apalpado, o único aspecto que o cliente pode adquirir é a pessoa que está sentada à sua frente. Portanto, agregar valor demonstra *expertise* e faz com que o cliente adquira confiança e o vendedor seja digno de crédito.

A partir do momento em que você dá a um cliente uma ideia ou dica útil, ou alguma informação, você não é mais visto como um vendedor, mas sim, um especialista. A *expertise* por você demonstrada irá ajudar a solidificar a relação e diminuir o risco da compra segundo a visão do cliente. Ao agregar valor, um cliente irá reconhecer que você realmente entende do assunto. Isso irá ajudar o cliente a se sentir mais à vontade e a fazer com que ele esteja mais propenso a comprar de você.

Não tenha medo de dar muitas informações. Pode existir aquele *prospect* estranho que tentará extrair o máximo de você, para que ele próprio possa tentar realizar a atividade. Entretanto, esse tipo de pessoa é raro e uma atitude cínica significará perder oportunidades. Você não é obrigado a dizer às pessoas tudo o que sabe; em uma reunião de uma ou duas horas, talvez isso não seja possível de qualquer forma. Você deve guardar consigo algumas ideias. Porém, ser extremamente cauteloso pode impedi-lo de agregar o valor que teria encorajado o cliente a efetuar a compra.

TRABALHANDO COM O CLIENTE

Quando for chegado o momento de falar, você usará sua *expertise* para explorar opções, ideias e possibilidades. Entender que você faz isso **junto com** seu cliente é de vital importância. Vocês trabalham juntos. Esse é um dos aspectos fundamentais que as pessoas não entendem corretamente. Daí o fato de tantos vendedores venderem **para** o cliente. Mesmo depois de terem feito as perguntas apropriadas, eles vão usar o PowerPoint e passar para o "modo de apresentação pronta". Não é assim que se deve fazer.

Dar a conhecer novas possibilidades normalmente é difícil, pois, inadvertidamente, a implicação pode ser que aquilo que um cliente está fazendo no momento esteja errado. Portanto, a maneira através da qual um cliente se dá conta disso afetará o modo como essa constatação é recebida. Não se deve esperar que um cliente fique sentado passivamente enquanto você conta a ele como a coisa funciona. Mesmo depois de um diagnóstico completo, os clientes ainda podem sentir que estão perdendo o controle do processo e passarem a adotar uma postura bastante defensiva.

Reverter o modo de vender **para** um cliente, mesmo após tê-lo engajado através de perguntas, ainda pode resultar em uma situação antagônica. Dizer ao cliente o que ele deveria fazer, beneficiando-o com sua sabedoria, talvez não ande bem. Fazer algo diferente do costumeiro dá medo e a partir do momento que você começa a dizer o que é bom para ele, mesmo com a melhor das intenções, normalmente o cliente estará buscando onde está a cilada.

Nunca se esqueça de que uma situação de vendas pode ser extremamente incômoda para um cliente e que ele fará objeções para justificar o *status quo*, em vez de ter que enfrentar a mudança. Portanto, a forma como você apresenta suas sugestões pode determinar se ocorrerá uma conversa construtiva ou não.

Vender diz respeito a ajudar pessoas. Você e seu cliente precisam se tornar parceiros e trabalharem juntos na solução das questões e problemas dele. Você deve vender **junto com** o seu cliente e não **para** ele. O segredo para tal é garantir que o cliente sempre tenha poder. Isso significa envolver o cliente no processo. Peça a opinião dele:

- "O que você acha disso...?"
- "Não sei se isso está correto, mas me permita dar uma sugestão...?"
- "Poderíamos fazer o seguinte... Qual a sua opinião?"

Ao adotar essa abordagem, seu cliente não estará mais em busca da cilada, mas sim buscará encontrar uma solução junto com você. Em última instância, não se trata de maneira alguma de sua solução; a solução é do cliente. Talvez você não consiga vender sua ideia ao cliente, mas provavelmente ele comprará a própria ideia. Ou seja, você precisa permitir que o cliente se apodere da solução.

A linguagem usada com um cliente também é de vital importância. Ao se referir a um problema ou solução, sempre use "nós" em vez de "você". Por exemplo, você poderia dizer:

- "Uma das opções que **nós** temos" em vez de "Uma das opções que **você** tem".
- "A situação que **temos** aqui" em vez de "A situação que **você** tem aqui".

Usar "nós" em vez de "você" é a linguagem de uma parceria. Metaforicamente, vocês não estão mais sentados em lados opostos da mesa, mas, sim, lado a lado de modo a encontrar a melhor solução.

DANDO SUAS SUGESTÕES

Antes de dar qualquer sugestão, vale a pena primeiramente lembrar o cliente do problema. Portanto, em vez de dizer, por exemplo: "Uma das coisas que poderíamos fazer é...", você poderia dizer: "Sei que você disse que está tendo dificuldades em encontrar um candidato adequado. "Uma das coisas que poderíamos fazer é...".

Dessa forma você faz com que o cliente se recorde do problema antes de sugerir a solução. Isso porque é preciso garantir que o cliente entenda seus processos mentais. Você está levando seu cliente em uma jornada e, portanto, deve garantir que ambos saiam do mesmo ponto. Não conte com o cliente para lembrar de um problema que ele mencionou anteriormente na conversa.

Algumas vezes vale a pena apresentar suas sugestões citando outros exemplos de clientes que você tenha ajudado anteriormente. Fazer referência a um cliente do passado permite que você introduza uma nova ideia de uma forma não ameaçadora. Ao usar um exemplo relevante, você poderá demonstrar seu entendimento da situação dele. Finalmente, falar de outros que você conseguiu ajudar transmite segurança, já que você estabelece casos anteriores bem-sucedidos.

CONTANDO SUA HISTÓRIA/DESENVOLVENDO UMA NARRATIVA

Quando é chegado o momento de falar, o cliente irá, obviamente, querer saber algo sobre você e sua empresa. O contexto em que estas informações são reveladas será de vital importância. O fato de você já estar no comércio há dez anos, por si só, talvez não seja tão significante assim. Entretanto, comunicar essa informação de uma maneira sutil, pode ser essencial no sentido de transmitir confiança às pessoas de que você faz parte de uma organização sólida. Da mesma forma está implícito que para sobreviver por dez anos, você tem que ter feito algo de bom.

Há aspectos de seu produto ou serviço que serão importantes comunicar, já que eles irão realçar motivos para você estar em condições de resolver determinados problemas que um cliente possa ter. A forma como essa informação é transmitida pode ter um efeito decisivo no sucesso de um encontro.

- Não existem características e benefícios.
- Existem apenas problemas e soluções, juntamente com as prioridades e critérios de compra do cliente.

Consequentemente, deve-se dizer apenas o que for relevante para o cliente. Partir para demoradas apresentações sobre sua empresa, produto ou serviço e as vantagens gerais que você oferece, será irrelevante para um cliente e ele deixará de ouvi-lo. Muitas pessoas já têm uma apresentação preparada em PowerPoint ou algo do gênero, que é feita durante uma reunião. Porém, isso inevitavelmente significará a introdução de aspectos de seu produto ou serviço que não são de interesse para o cliente, sua situação e seus problemas. Por exemplo, mostrar seu *slide* sobre "por que o seu prazo de entrega é imbatível diante da concorrência" é ridículo caso o tempo de entrega não tiver importância para o cliente em questão. Da mesma forma, ficar passando *slides* que você se dá conta que são irrelevantes dá uma sensação de mediocridade.

Ao adotar essa abordagem, você se distancia do aspecto de ser um especialista e parceiro e reverte para a situação de se posicionar como um simples vendedor. Ao fornecer informações em demasia, o cliente irá se sentir sufocado, o que pode, na realidade, levar a uma paralisia. Em outras palavras, ele se sentirá tão sufocado que poderá se achar incapacitado de tomar uma decisão. Portanto, você deve dizer apenas o suficiente para estabelecer credibilidade, provar competência e ajudar a resolver os problemas por ele enfrentados.

Clientes diferentes exigirão graus de informação diversos antes de sentirem capazes de chegar a uma decisão. Entretanto, independentemente de quem seja o cliente, as informações devem ser transmitidas como parte de uma narrativa, ou seja, uma forma de explicar seu produto ou serviço onde tudo está associado à solução. Dentro desse contexto, cria-se um ambiente onde outras informações podem ser dadas de forma unificada, como quantos anos de experiência você tem e a forma como trabalha. Em vez de uma apresentação pronta, é melhor ter uma narrativa que possa ser alterada dependendo da situação. Essa narrativa não precisa ser feita na forma de uma apresentação, mas pode ser inserida na sua conversa.

De modo a cultivar sua história é preciso adotar um tema central e desenvolver as soluções, a forma como trabalha e outros detalhes relevantes em torno dele. O tema poderia ser baseado no por quê a empresa foi iniciada, em um determinado sistema ou produto que foi desenvolvido ou como a empresa evoluiu etc. Seja qual for o tema escolhido, desenvolver sua narrativa dessa forma possibilitará que você crie uma história. A história sempre deve ser centrada nas soluções que serão de interesse do cliente. O propósito da narrativa é dar ao cliente um contexto para que se tenha um sentido mais substancial de sua oferta.

Caso opte por usar, por exemplo, "por que a empresa foi iniciada" como tema para uma narrativa focada em soluções, você não diria:

"Iniciei a empresa cinco anos atrás em minha casa. Crescemos relativamente rápido e nos mudamos para um escritório seis meses mais tarde quando admiti meu primeiro funcionário..."

Tudo isso é irrelevante para o cliente e não se baseia na solução. Porém, você poderia usar este tema para dizer:

"Abri minha companhia cinco anos atrás para ajudar as empresas em suas comunicações de alto nível. Portanto, nos concentramos apenas em B2B, que eu sei que é sua área de interesse. Focar em B2B significa que tudo é monitorado de perto..."

Esse segundo exemplo é o início de uma narrativa que apenas se concentrará nas informações relevantes às necessidades do cliente.

Sua história pode ser modificada ou moldada para a situação em que você se encontra. Porém, existirão elementos centrais em torno dos quais sua história poderá ser criada. Serão estes os principais resultados que você se compromete a entregar que, consequentemente, serão relevantes para todos os clientes. Por exemplo, talvez você só opere no País de Gales. Logo, isso é fundamental para o fornecimento de seus serviços. Se isso não for relevante para um cliente, então você não será capaz de ajudá-lo.

As pessoas se identificam com histórias, as apreciam e será mais provável que reterão mais informações dessa maneira. Além disso, as histórias tendem a dar ao cliente uma sensação de que têm um real entendimento de quem você é. Quanto mais familiarizado um cliente se sentir com você, mais à vontade ele estará para usar seu produto ou serviço.

TRANSMITINDO TRANQUILIDADE ATRAVÉS DA COMPREENSÃO DOS RISCOS

Todos os clientes potenciais têm medo de errar, o que pode se tornar uma barreira na realização de uma compra. Algumas de suas preocupações podem ser específicas ao produto ou serviço que se está vendendo. Existirão ansiedades baseadas em se o produto ou serviço atenderá ou não as expectativas e os problemas resultantes que poderiam ser provocados pela compra. Por exemplo:

> Um cliente poderia estar convencido de que um determinado pacote de *software* produzirá os resultados esperados, mas poderia estar receoso quanto à mudança de cultura e com o treinamento dos funcionários, exigido pela implementação do sistema. Nesse cenário, vender o *software* realçando o problema que ele resolve não é o suficiente. Sem ser capaz de poder ajudar nas questões subsequentes, o risco da implementação se torna muito alto. Portanto, é pouco provável que o negócio será concretizado.

Outras preocupações poderiam estar relacionadas ao preço, às opiniões de outras pessoas e ao medo da mudança em si. Antes de abordar qualquer cliente, é preciso ter um bom entendimento dos riscos por eles percebidos em relação ao produto ou serviço que estão adquirindo. Quando estiver dialogando com um cliente, é preciso criar o maior número possível de garantias. Talvez isso envolva cobrir o preço de um concorrente, caso o cliente encontre o produto mais barato em outro lugar, uma garantia de recompra ("satisfação garantida ou o seu dinheiro de volta") ou algum tipo de período inicial para experimentação.

É pouco provável que você será capaz de eliminar todos os riscos de uma compra. É preciso dar o máximo de garantia possível, mas seja honesto com o cliente caso ele destaque riscos que não se pode negar. Em última instância, restará uma escolha entre o cliente continuar com o problema ou tentar uma solução.

Um médico pode prescrever um medicamento com alguns efeitos colaterais leves. Entretanto, esses efeitos colaterais devem ser mínimos quando comparados com a doença que precisa ser curada.

Da mesma forma, desde que você consiga manter o nível dos riscos relativamente baixo, quando comparado ao valor que a solução oferece, existirão clientes dispostos a comprar. Entretanto, quanto mais riscos você conseguir erradicar, mais fácil se tornará a decisão de comprar.

EXPLIQUE TUDO

Finalmente, certifique-se de explicar tudo. Não pressuponha que as pessoas entendem e sabem do que você está tratando. Certas vezes, quando você vive as soluções no dia a dia, você começa a desvalorizar aquilo que conhece. Se você não explicar alguma coisa para um cliente, isso poderá se transformar em uma barreira mais tarde. Pode ser que o cliente deixe de fazer a compra porque não entendeu, porque uma dada solução havia sido sugerida ou como ela funcionará. Pior ainda, caso ele faça efetivamente a compra, talvez ela deixe de atender às expectativas do cliente por conta de um problema de comunicação, já que alguma coisa deixou de ser explicada.

Caso esteja receoso por estar informando às pessoas problemas que elas já conhecem, inicie sua explanação afirmando exatamente o seguinte:

"Peço desculpas caso já seja de seu conhecimento, porém, permita-me apenas explicar o seguinte..."

Dessa forma você deixa as pessoas à vontade. Caso esteja depois informando alguém sobre algo que ela não sabia, ela não se sentirá incomodada, pois em nenhum momento ela terá que admitir desconhecer algo. Por outro lado, caso exista algo que ela já conheça, pelo fato de você ter se desculpado antecipadamente, você nem estará tratando-a com condescendência nem insultando-a.

Objeções e Preocupações 14

Ao vender, as pessoas normalmente deixam de fazer a distinção entre objeções e preocupações.

Uma preocupação parte de um cliente que se sente envolvido no processo de venda. Ele forma uma parceria e trabalha conosco em busca de uma solução. Os medos ou as preocupações por ele levantados são em relação a como a compra o afetará. Isso porque ele se vê como comprador potencial. Consequentemente, as preocupações são sinais de que ele irá comprar. Elas não surgem para nos pegar de surpresa, mas, sim, porque o cliente está predisposto a fazer uma compra. Quando alguém se depara com uma preocupação, ela faz parte de uma discussão contínua, no sentido de se chegar a uma solução aceitável. Por exemplo:

> Você vai ao consultório de seu médico do qual é paciente há mais de vinte anos. Devido a experiências anteriores, você confia nele e está predisposto a seguir as suas sugestões. Seu médico recomenda o tratamento com uma determinada medicação. Nesse ponto você levanta uma preocupação genuína: você tem uma semana cheia pela frente e não terá condições de tomar o medicamento, pois este poderá deixá-lo sonolento. Você levanta essa questão apenas porque realmente pretende considerar a orientação de seu médico caso uma solução aceitável possa ser encontrada.

Nesse cenário, o médico poderia ter uma solução alternativa. Porém, pode ser que a única alternativa seja desse medicamento que provoca sonolência. Talvez o tratamento possa ser adiado por uma semana. Por outro lado, isso poderia levar a sérias complicações.

É importante entender as preocupações que os clientes provavelmente terão com o produto ou serviço que lhe está sendo oferecido. Tais preocupações poderiam estar relacionadas às repercussões que uma solução poderia causar e aos riscos envolvidos na compra. Quanto mais criativo você puder ser, maior será sua probabilidade de encontrar uma solução aceitável e de erradicar as preocupações de seu cliente. Entretanto, nem sempre existirá uma solução ideal disponível e meios-termos podem ser buscados. É preciso estar preparado para entender quais são os benefícios em relação a seu próprio produto ou serviço.

ENTENDENDO AS OBJEÇÕES

Diferentemente das preocupações, uma objeção parte de alguém que não está predisposto, no momento, a usar seu produto ou serviço. Essa pessoa terá uma aversão ou relutância em relação a sua oferta. Uma objeção é levantada como uma barreira a uma compra que está sendo feita.

É possível que a mesma questão possa ser uma preocupação para um cliente e uma objeção para outro. Será o contexto, as palavras usadas e a linguagem corporal que indicarão o que o cliente está enfrentando. Por exemplo, um cliente pode ter um problema com seus prazos de entrega. Isso poderia ser expresso como uma objeção ou como uma preocupação.

Preocupação: "Eu realmente estava com uma expectativa de entregas duas vezes por semana."

Objeção: "Quero entregas duas vezes por semana e a sua empresa oferece apenas uma."

Muitos livros e cursos de treinamento sobre vendas perpetuam o mito de que as objeções são positivas. Aprendemos que as objeções são sinais de compra e que devemos aceitá-las de bom grado, pois é aí que a venda começa realmente a acontecer.

A realidade é que o oposto é verdadeiro. As objeções não são um bom sinal.

Quando nos deparamos com objeções, não nos sentimos bem em relação a elas. Elas dificultam as coisas e fazem com que nos sintamos desconfortáveis. Esses sentimentos são naturais e não há nada de errado. Por anos foi ensinado às pessoas envolvidas com vendas para aceitarem as objeções de bom grado. Nós não queremos ouvi-las nem as vemos com bons olhos. Na realidade, caso enfrente muitas objeções, é pouco provável que você concretizará a venda. As pessoas não acreditam necessariamente naquilo que você diz, mas normalmente acreditam naquilo que elas mesmas dizem. Portanto, toda vez que seu cliente apresentar uma objeção, isso reforça na mente dele porque a solução não é a correta e porque ele não deveria fazer a compra. Toda vez que ele repete isso, estará a um passo mais próximo de se convencer que sua oferta é incorreta.

Da mesma forma, quanto mais objeções você receber, mais antagônico será o processo de venda. Não importa o quanto você seja cordial, é muito difícil que o processo não comece a se assemelhar a uma luta de boxe, onde seu cliente coloca uma objeção e você revida o golpe. Não é preciso dizer que tal ambiente não conduzirá a uma situação onde se possa ajudar alguém a resolver seus problemas.

EVITANDO OBJEÇÕES

Pode parecer que pintamos um quadro muito preto, já que, se enfrentarmos muitas objeções, pode parecer como se o processo de venda estivesse fadado ao fracasso. De fato, este é o caso. Entretanto, podemos minimizar as objeções colocadas.

> Imagine que você queira comprar um novo computador e esteja recontando isso a um amigo. Ele lhe perguntaria quais são suas objeções? É claro que não. Talvez você tenha algumas exigências, por exemplo, você deseja um modelo leve e, portanto, fácil de ser transportado. Pode ser que você tenha preocupações baseadas em experiências passadas de modo que está em busca de algo durável, pois seu último *laptop* danificou-se ao cair no chão.

Entretanto, antes de entrar em um processo de compra, você não terá nenhuma objeção.

P: Se não temos nenhuma objeção antes de entrar em um processo de compra, de onde surgem as objeções?
R: Dos vendedores.

As objeções provêm dos vendedores. Caso você não tenha diagnosticado apropriadamente e não tenha um entendimento completo da situação do cliente, é possível que você faça uma sugestão ou comentário inadequado. Uma objeção é uma resposta a comentários inapropriados feito pelo vendedor. Isso realça outra diferença entre objeção e preocupação.

As preocupações são levantadas durante o curso de uma discussão franca e honesta entre cliente e vendedor e não está, necessariamente, relacionada a qualquer coisa que o vendedor tenha dito. Em outras palavras, elas podem fazer parte dos critérios de compra e das prioridades que o cliente já tem. Por outro lado, as objeções são respostas diretas a afirmações inapropriadas feitas pelo vendedor. Por exemplo:

> Sem um completo entendimento da situação de um cliente, você sugere entregar a mercadoria em uma sexta-feira. Este é um dia totalmente inapropriado para seu cliente e resulta em uma objeção imediata. Sexta-feira não é o único dia que você faz entregas, embora fosse conveniente. Ao perguntar a seu cliente quando ele desejaria receber a encomenda, a objeção poderia ter sido evitada.

Resumindo, a melhor forma de lidar com as objeções é não criá-las.

Os vendedores criam objeções, pois eles fazem comentários sem relevância ou oferecem soluções que são inoportunas, impraticáveis ou inapropriadas. Se o vendedor fizer um diagnóstico apropriado e se conter de falar antes de o objetivo anterior ter sido alcançado, é improvável que o vendedor diga algo errado e acabe criando objeções. Além disso, caso não esteja certo sobre um determinado aspecto da situação de um cliente, pergunte e qualifique antes de sugerir qualquer coisa. Dessa forma, você não terá que lidar com objeções, pois não será criada nenhuma.

ANTECIPANDO-SE A OBJEÇÕES

É muito pouco provável que qualquer solução por você apresentada seja perfeita. Portanto, podem existir algumas objeções que surgem regularmente. Você aprenderá que tais objeções são resultado das interações mantidas com os clientes. Também é possível antecipar-se a algumas objeções, entendendo onde a sua oferta é diferente da concorrência e, portanto, que expectativas os clientes podem ter. Analisar seus Problem Maps™ e pensar nos riscos inerentes de uma compra também pode ajudá-lo a entender objeções que possam vir a ser levantadas.

À medida que for ganhando experiência de vendas de um determinado produto ou serviço, você saberá quais são aquelas objeções comumente encontradas. É provável que sejam bem poucas. Quando já estiver numa fase em que você já as conhece, a ideia é tratá-las antecipadamente. Por tratá-las antecipadamente, queremos dizer que você as introduz, em vez de aguardar que seu cliente as levante em resposta a algo dito por você. Por exemplo:

> Você oferece uma solução barata onde tudo é feito *on-line*. Para manter os custos reduzidos, sua empresa não dá oportunidade de os clientes terem a visita de um representante de vendas antes deles chegarem a um acordo.

É possível que você saiba que a sua solução é comercialmente viável para certos tipos de clientes. Porém, pode não ser usual no mercado onde os clientes estão acostumados a se reunir regularmente. Caso esta seja uma objeção com a qual vem se confrontando regularmente, então é possível tratá-la antecipadamente como parte de sua narrativa. Portanto, você poderia dizer:

> *"Muitos de nossos clientes têm se preocupado de tudo ser gerenciado on-line. Na verdade, nossa pesquisa mostra que apenas 3% dos clientes solicitaram uma reunião face a face. Entretanto, para que pudéssemos satisfazer essa demanda, teríamos que cobrar 10% a mais pelo serviço e preferiríamos repassar essa economia para nossos clientes. O que nossos clientes constataram é que, pelo fato de atualizarmos regularmente nossa página FAQ (perguntas feitas mais comumente), e pelo fato de termos um pessoal de suporte do outro lado do computador, 24 horas por dia, 7 dias por semana, eles sempre obtêm uma resposta imediata e normalmente é uma experiência melhor do que ficar restrito a ver alguém apenas durante o horário comercial."*

Portanto, sempre se antecipe às poucas objeções que você já sabe que as pessoas podem ter em relação a seu produto ou serviço. É importante aprender continuamente a partir das interações que mantêm com seus clientes. Caso existam certas objeções que ocorrem regularmente, é preciso garantir que se entenda a razão para tal, seja porque:

- Você está criando a objeção desnecessariamente e, portanto, deve impedir que isso aconteça.
- À medida que o mercado evolui, é preciso alterar seu produto ou serviço para que a solução continue atraente.
- Ela é uma das poucas objeções levantadas regularmente e, no futuro, precisa ser tratada antecipadamente, como parte de sua narrativa.

LIDANDO COM AS OBJEÇÕES

Já sabemos que as objeções não são positivas. Portanto, em um mundo ideal, jamais deveríamos nos deparar com uma delas. Ao deixarmos de criar objeções e trata antecipadamente as poucas que possam surgir, podemos minimizar as ocasiões quando as objeções irão ocorrer. Entretanto, inevitavelmente, haverá oportunidades onde nos confrontaremos com objeções. Quando isso acontecer, lidamos com as objeções de três maneiras:

1 Reconhecendo a objeção:
   Ao se deparar com uma objeção, a primeira coisa a fazer é reconhecê-la. Se de alguma forma você fizer pouco caso da objeção, você não será capaz de ter o cliente ao seu lado ao responder à objeção por ele apresentada. Por que então o cliente teria que ouvi-lo se você aparentemente desconsiderou suas ideias? Não é preciso concordar, mas, ao demonstrar reconhecimento daquilo que o cliente acaba de dizer com um simples "sei" ou "entendo", você mostra ao cliente que o está ouvindo e que valoriza o ponto de vista dele.

2 Entendendo a objeção:
   É impossível lidar com uma objeção que você não entende. Caso se depare e responda a uma objeção sem uma compreensão adequada da questão, você irá piorar a situação. Por exemplo, um cliente potencial diz:

"Não estou satisfeito com o fato de sua empresa fazer entregas apenas uma vez por semana."

Muitas pessoas irão supor que entenderam o problema e irão imediatamente tentar justificar por que as entregas acontecem apenas uma vez por semana. A realidade é que você ainda não entendeu a objeção apropriadamente neste ponto, já que o cliente poderia estar querendo dizer várias coisas, como:

- O ex-fornecedor do cliente sempre fez entregas duas vezes por semana. Na realidade, não havia nenhuma razão particular para que isso acontecesse, porém, acabou se tornando um hábito e, portanto, parte da expectativa do cliente?
- O cliente não tem espaço suficiente no depósito para receber apenas uma grande remessa por semana?

O cliente emprega alguém duas vezes por semana para receber as entregas e não quer reduzir o número de horas dessa pessoa porque ele é benquisto e eles sambem que essa pessoa precisa do dinheiro?

Portanto, ao se deparar com essa objeção, em vez de responder de forma bem direta, você deve esclarecer a situação. Portanto, poderia ser dito:

"Entendo. O senhor poderia me explicar isso um pouco mais?"
"Sei. O senhor poderia me explicar por que a entrega uma vez por semana não é aceitável?"

Se descobrir que o cliente não tem espaço suficiente no depósito, usar eficiência e economia de custos como seu motivo para fazer entregas apenas uma vez por semana, seria irrelevante. Isso não resolveria o problema. Portanto, sempre se certifique de esclarecer qualquer objeção antes de tentar respondê-la. Se lhe disserem que a sua empresa é muito cara, você poderia responder assim:

"Entendo. Eu realmente lhe peço desculpas, mas não tenho certeza de ter entendido completamente a questão. Por favor, seria possível explicar-me o que o senhor entende por muito cara?"

Se eles disserem que precisam do produto na cor verde, você poderia responder assim:

"Entendo. Por favor, seria possível explicar-me a sua razão para querer na cor verde?"

3   Respondendo à objeção:
Uma vez que você tenha entendido completamente a objeção, existirão duas situações:
   I.   Você realmente não poderá ajudar o cliente. Por exemplo, seu cliente precisa de seu produto na cor verde. A justificava dele é absolutamente em termos de visual. Infelizmente, você não produz esse artigo na cor verde e não seria eficaz em termos de custos produzi-lo nessa cor. Neste caso, sua melhor alternativa é poder indicar alguém que possa ajudar o cliente neste aspecto. Obviamente esse é um resultado que você não deseja que ocorra muitas vezes. Caso aconteça, existem duas

possibilidades: ou você está almejando o público errado ou então sua solução não é comercialmente viável. Por exemplo, talvez você devesse começar a produzir o artigo na cor verde.
II. Você tem condições de ajudar o cliente.

Ajudar o cliente pode ser simples. Ele explica que deseja entregas duas vezes por semana e quando você entende a razão, passa a ter sentido. Você pode se adequar à exigência e, portanto, concorda.

Entretanto, certas vezes a coisa não é tão simples assim. Embora você possa ajudá-lo, será preciso uma mudança na forma de pensar do cliente. Eles podem querer o artigo na cor verde e sua empresa só pode produzi-lo na cor preta. Ao ouvir a explicação deles, sua experiência diz que preto seria uma cor melhor para eles. Entretanto, a forma de lidar com essa situação será vital para o resultado final. Dizer ao cliente que ele está errado e explicar o porquê, provavelmente levará a uma situação de antagonismo. Poderia também acontecer, inadvertidamente, que você conduzisse a uma situação na qual o cliente se sente estúpido. Embora tudo que você diga possa estar totalmente correto, isso não irá gerar um ambiente que conduza a uma compra. Portanto, talvez você saia ganhando em termos argumentativos, porém, perderá o cliente.

O princípio para administrar essa situação é demonstrar empatia, dando exemplos de outros clientes satisfeitos que tiverem o mesmo tipo de preocupação. Apenas depois disso que você apresentaria a solução alternativa. Essa abordagem lhe permite explicar novos conceitos e ideias de uma forma não ameaçadora. Portanto, sua resposta para o cliente que quisesse o item na cor verde poderia ser a seguinte:

"Sei. Interessante. Trabalhamos com vários clientes que disseram exatamente a mesma coisa. Eles queriam o produto na cor verde exatamente pelo mesmo motivo dado por vocês, porém, o que eles constataram foi que ao usar a cor preta..." e, em seguida, você começa a explicar a solução.

Ao fazer referência a outros clientes você está mostrando empatia e demonstrando que realmente compreende o raciocínio deles já que sua empresa já teve outros clientes com o mesmo problema. Muito longe de estar deixando implícito que o cliente é estúpido, você está, na verdade, sugerindo que eles estão em boa companhia, já que outros clientes disseram o mesmo. Finalmente, dessa forma será possível apresentar uma nova ideia de uma maneira que não é nem ameaçadora nem antagônica.

USANDO TESTEMUNHOS

Independentemente de um cliente ter preocupações ou objeções, ele não estará pronto para efetuar uma compra enquanto não forem minimizados quaisquer preocupações, temores ou outras questões que estiverem causando relutância. Já demonstramos que é importante o uso da empatia ao responder a objeções. Isso é obtido citando-se as experiências de clientes anteriores. Não existe nenhuma forma mais poderosa para fazer isso que os testemunhos de seus clientes. Ter clientes e ex-clientes que defendam seu produto ou serviço é muito convincente e tranquilizador para um possível cliente.

Esses testemunhos podem ser por escrito e apresentados em papel ou então armazenados no computador na forma eletrônica. Alternativamente, você poderia ter videoclipes de testemunhos de seus clientes. Alguns clientes talvez se ofereçam para redigir ou gravar um testemunho para você, outros até podem escrever algo sem mesmo a sua solicitação. Quando um cliente menciona que você realmente realizou um bom trabalho, você poderia pedir a eles se eles poderiam redigir ou gravar um testemunho. Outros clientes ficariam contentes em passar os próprios dados para um possível cliente seu, servindo de referência. Mais uma vez, isso será muito poderoso e irá ajudá-lo a fazer cessar quaisquer preocupações ou objeções que um futuro cliente possa ter.

Finalmente, ao garantir que você se encontra ao lado do cliente e colocando os interesses deste último em primeiro lugar, você se posiciona como parceiro, tentando ajudar em vez de tornar antagônico o processo de venda. Esse posicionamento ajuda a minimizar as objeções levantadas e possibilita que estas possam ser administradas efetivamente. Dessa forma, as objeções raramente serão uma barreira a uma venda.

Tradicionalmente Denominado Fechamento

15

O termo "fechamento" tem sido tradicionalmente usado para descrever a parte do processo de venda quando se chega a um acordo quanto à transação. "Fechar uma venda" tem sido usado como uma frase significando concretizar um negócio.

"Fechamento" é uma palavra horrível de ser empregada e provém diretamente da abordagem transacional para vendas tradicional. Se nossa percepção para vendas se resumir a transações, então, de fato, são fechados negócios. "Fechamento" implica o fim de algo; a finalização. Se vender se referir apenas à transação, então, uma vez chegado a um acordo, o processo atingiu seu fim.

O método Terapia de Vendas® não encara vendas dessa forma. O bem mais valioso criado durante o processo de venda é a relação. Portanto, uma venda jamais é fechada e jamais finalizada. Se nossa relação com um cliente for mutuamente benéfica, por que ela deveria terminar? Nós vamos querer continuá-la por um longo tempo. De fato, no ambiente comercial que nos encontramos hoje em dia, manter os clientes e, portanto, desenvolver relações, é um imperativo absoluto.

Quando um cliente concorda pela primeira vez em comprar, longe de ser o final, ou o "fechamento", normalmente isso é, na realidade, simplesmente o início.

COMPROMISSO; NÃO FECHAMENTO

Uma venda jamais é fechada porque um acordo para comprar não deve ser o fim. Portanto, é mais útil pensar em termos de compromisso. Uma venda, desde o primeiro contato com um cliente, é desenvolvida através de uma série de compromissos. Tais compromissos são feitos por ambas as partes. Por exemplo:

- Um telefonema pode levar a uma reunião, através da qual um cliente se compromete a dedicar tempo para vê-lo e você se compromete a estar lá.
- Essa reunião pode levar a um compromisso de experimentar seu produto.
- Essa experimentação pode levar a um compromisso de compra.
- Como resultado de você cumprir seus compromissos, serão feitas atualizações e outras compras já que a relação continua.

MITOS DO FECHAMENTO

Existe uma ironia em torno da ideia de "fechamento". Para um vendedor ou uma empresa serem bem-sucedidos, eles têm que "fechar" um certo número de negócios. Portanto, muitas pessoas em vendas são julgadas pelo número de negócios que elas concretizam. Entretanto, a quantidade de negócios que elas "fecham" não tem nada a ver com o que é tradicionalmente visto como a parte de fechamento da reunião ou processo. Essa obsessão levou a uma superabundância de absurdos escritos e falados sobre "fechamento" ao longo de anos.

As pessoas farão comentários como: "Ele é um excelente vendedor, embora tenha grande dificuldade no fechamento." Afirmações como estas são absurdas. "Fechamento" não diz respeito à última parte de uma reunião, mas é, na verdade, um resultado de tudo o que veio antes dele. Portanto, por definição, alguém que tem grande dificuldade em concretizar negócios não é um bom vendedor.

Entretanto, esse foco no "fechamento" tem levado todo um segmento a se dedicar a habilidades que podem ser tudo, exceto úteis. Livros inteiros e cursos tratam de técnicas como: "o fechamento por suposição", "o fechamento alternativo" ou "o fechamento do cachorrinho". Esses métodos desafiam a lógica. As pessoas não compram porque você pede a elas de uma maneira sofisticada:

> Se você não quiser canetas e um vendedor lhe pergunta se você gostaria de canetas vermelhas ou verdes, você ainda continuará não querendo comprar uma caneta. Você não será embrulhado pelo "fechamento alternativo" a ponto de comprar. E, mesmo que fosse, no momento em que 2.000 caixas de canetas vermelhas que você não quer chegarem ao seu escritório, você não dará um doce sorriso pensando: "Meu Deus! O cara é bom mesmo!" Mais provavelmente você se recusaria a aceitar o pedido e escreveria uma carta cancelando.

Existem ainda mais ideias falsas que dominam o mundo do "fechamento". O entendimento que reina é que para conseguir o negócio, o vendedor não fará o pedido apenas uma vez, mas sim várias vezes. Mais uma vez, isso é ridículo. Se o cliente não deseja algo, não importa o número de vezes que se peça a ele. O desejo de um cliente por um produto ou serviço não irá aumentar porque o vendedor pediu 30 vezes. Ele continuará não querendo. Na realidade, ficar solicitando o pedido continuamente, quando um cliente não está pronto para comprar, é completamente antiprodutivo.

Ficar pedindo com insistência quando o cliente não está pronto para comprar é, mais uma vez, confirmação do modelo de vendas transacional. Não há melhor exemplo como este para um cliente ter a percepção de que para o vendedor a transação é mais importante do que qualquer outra coisa. Repetidas solicitações para concretizar o negócio torna claro que a prioridade do vendedor é a principal preocupação dele. São esses, portanto, os vendedores que todos nós detestamos, aqueles com um "$" nos olhos, que pouco se importam com os interesses do cliente.

Essa abordagem fará com que a experiência de vendas se torne incômoda para o cliente. Em vez de aumentar a probabilidade de uma compra ser feita, o ambiente não conduzirá a que a pessoa compre. Se pudermos, todos nós tentamos evitar situações incômodas, e um cliente não é diferente disso. Consequentemente, é provável que ficar insistindo no pedido reduzirá o tempo que você terá para despender com seu cliente, já que eles encerrarão a reunião tão logo quanto possível. Ao reduzir o tempo em que passam juntos, solicitando continuamente o pedido de compra, minimiza a possibilidade de se desenvolver a relação.

Usar o "fechamento de período limitado", através do qual a urgência de tomar uma decisão é usada como instrumento para se obter o negócio, também irá prejudicar a relação. Nesta situação, o vendedor dirá a um cliente que aquele preço ou oferta especial vale apenas pelo dia de hoje. Embora uma oferta desse tipo até possa funcionar em uma mala direta ou em um *site*, quando estiver interagindo com alguém pessoalmente, isto cria um ambiente de alta pressão.

Podem existir momentos em que há uma boa razão para uma oferta de período limitado como queima de estoque ou um prazo a ser cumprido, por exemplo, uma data-limite para publicação em uma revista. Entretanto, em tais situações, a "oferta por tempo limitado" é uma realidade e não um expediente usado pelo vendedor para fazer com quem alguém concorde em comprar. Usar técnicas de alta pressão para fechar um negócio transparecerá como uma prática inescrupulosa caso não haja uma razão premente para assim fazê-lo. Obviamente, é possível inventar-se uma razão premente. Entretanto, isso demonstra uma total falta de integridade e não é uma abordagem útil quando se tenta construir uma relação. Da mesma forma, ao fazer isto, você acaba criando um cenário "ou tudo ou nada". Assim, se o cliente acreditar que o prazo existe, ele pode ser coagido a fazer a compra. Porém, se ele perceber o blefe do vendedor, este último poderá perder a venda e, certamente, perderia credibilidade. Por exemplo:

> Um vendedor de uma agência de *design* diz a um cliente potencial que precisa de uma decisão hoje para poder programar o trabalho para que esse seja completado até o final do mês. Se o cliente hesitar, o vendedor conseguirá o pedido de compra. Porém, o cliente poderia dizer que precisaria conversar com seu sócio daqui a alguns dias, antes de uma decisão poder ser tomada. A partir do momento em que o cliente faz esse tipo de afirmação, existem três cenários possíveis, nenhum dos quais, favorável ao vendedor.

O vendedor continua firme na posição do prazo inventado e diz que o trabalho não poderá ser completado dentro daquele mês. O cliente parece não se importar, mas agora o vendedor, inadvertidamente, postergou o trabalho em várias semanas e, possivelmente, a decisão, já que não existe nenhuma urgência por parte do cliente.

O vendedor mantém-se fiel ao prazo inventado e diz que o trabalho não poderá ser completado dentro daquele mês. O cliente precisa, efetivamente, que o trabalho seja completado dentro do período e vai procurar outro fornecedor.

O vendedor volta atrás e afirma que eles poderão se encaixar dentro do prazo desde que tenham uma resposta do cliente em poucos dias. Mesmo que o vendedor consiga lidar com a situação de forma extremamente hábil, ele ainda perderá credibilidade junto ao cliente e, portanto, parte de sua reputação será perdida, tendo exagerado na pressão alguns minutos atrás. Também é provável que o cliente irá ignorar quaisquer prazos futuros que o vendedor sugira.

Em qualquer um dos casos, com a quantidade de oferta disponível no mercado hoje em dia, colocar pressão desnecessária sobre o cliente será antiprodutivo. Todos nós somos compradores sofisticados. Se um vendedor disser a um cliente que o preço irá aumentar amanhã sem dar uma boa explicação, vai estar na cara a mentira dele. Neste caso, é provável que, se puder, o cliente irá desistir e procurará um outro fornecedor. Além disso, mesmo que ele venha a efetuar a compra, tendo achado a experiência nada agradável, é improvável que alguma vez ele o recomende para alguém ou volte a fazer negócio com você novamente.

CONQUISTANDO NEGÓCIOS

Não se conquista um negócio através de técnicas astutas ou de grande pressão sobre o cliente. Nem ficar pedindo insistentemente para que o cliente concretize o negócio. Na realidade, não se trata de algo que se coloca no final da reunião.

Tudo o que você disser e fizer, cada *e-mail*, telefonema, mensagem de texto e interação entre você e o cliente terão influência no resultado final. Tudo, desde o primeiro contato feito, afetará a decisão do cliente e se ele irá ou não querer seguir em frente. Se você:

- Focar no público-alvo certo e realizar um diagnóstico completo.
- Demonstrar sua *expertise* e ganhar a confiança da pessoa.
- Agir em nome dos interesses do cliente e apresentar a ele soluções relevantes.
- Levar em conta as prioridades pessoais, profissionais, emocionais e de ordem prática do cliente.
- Atenuar parte dos medos e riscos da compra por parte do cliente.

Então é bem provável que você conquiste o negócio.

Isso não tem nada a ver com as técnicas de "fechamento" e tudo a ver com o cultivo das relações e com a ajuda aos clientes. Se você tiver uma discussão aprofundada com um cliente e não puder ajudá-lo, então você deve estar preparado para desistir do negócio. Se possível, recomende alguém de sua confiança. Entretanto, caso acredite que possa ajudá-lo, não há nenhuma razão para não fazê-lo.

Você está lá para facilitar o processo. Em última instância o cliente tem os problemas, seus próprios critérios de compra e suas diversas prioridades. Não há nenhum motivo para você constranger ou ludibriar um cliente para que tome uma decisão que lhe seja favorável. Mesmo que consiga o negócio dessa forma, é bem provável que isso conduza a um cliente difícil e a uma relação amarga. Em última instância, são as pessoas que estão comprando que tomarão suas próprias decisões. Seu papel é o de apresentar possibilidades e resolver problemas, levando em conta, ao mesmo tempo, todas as diversas prioridades e o contexto dentro do qual o cliente está operando. Caso realize essa tarefa apropriadamente, descobrirá que normalmente os próprios clientes acabam concretizando o negócio.

Um médico não lhe pergunta se o paciente quer comprimidos na cor vermelha ou verde. Nem, durante uma consulta, tentarão persuadi-lo de tomar uma injeção com a promessa de uma outra grátis. Um bom médico realiza efetivamente um diagnóstico completo e somente então dá sugestões honestas. Se o paciente ficar satisfeito com o fato de o médico ter realizado um diagnóstico adequado e ter real conhecimento do caso, ele pegará imediatamente a receita prescrita e tomará o medicamento. Apenas se o paciente não ficar satisfeito com o diagnóstico ou não tiver certeza de que o médico está agindo segundo seus próprios interesses é que o paciente irá buscar uma segunda opinião. Da mesma forma, como no caso do médico, tudo o que você tem que fazer é dar sugestões. Nenhuma técnica astuta; apenas sugestões.

O COMPROMISSO VEM EM PEQUENAS DOSES

Estamos no negócio de desenvolvimento de relações. Desde que essas sejam mutuamente benéficas, jamais queremos que elas terminem. Portanto, as vendas jamais são "fechadas". Ao contrário, o processo de venda é formado por uma série de compromissos. Um compromisso exige ação de ambas as partes. Por exemplo:

- Consenso para a realização de uma reunião.
- Consenso para uso de um produto durante um período limitado de experimentação.
- Consenso para uma compra.

Depois de uma reunião produtiva com um cliente potencial, é bem provável que ele peça uma proposta. Por si só isso não exige nenhum compromisso por parte do cliente, apenas trabalho para o vendedor. Portanto, ao concordar em enviar uma proposta, deixe também acordado uma data e horário para discuti-la, seja em uma reunião pessoal ou por telefone. Nenhuma relação desequilibrada é, em nenhuma situação, uma relação saudável. Desde que ambas as partes estejam se comprometendo, a relação não será desequilibrada e o processo terá forças para continuar.

Se você realizar um diagnóstico completo, conseguir ter um real entendimento da situação de seu cliente e estiver trabalhando verdadeiramente em parceria com ele para obter as soluções mais apropriadas, você verá clientes que frequentemente apresentam a ideia do próximo compromisso. Ou seja, ao deixar de focar na transação e passar a trabalhar arduamente junto com o seu cliente, normalmente você constatará que não será necessário nenhum "fechamento".

Será pouco provável que seu cliente esteja ciente do estágio seguinte no processo. Portanto, é improvável que ele irá sugerir uma reunião, a experimentação de um produto ou algum outro passo seguinte apropriado. Em vez disso ele fará uma pergunta como: "Qual é o próximo passo?" ou "Para onde vamos a partir desse ponto?" Essas perguntas equivalem a um cliente que está querendo se comprometer com a fase seguinte. A partir do momento em que nos é feita essa pergunta, é provável que qualquer resposta sensata será recebida positivamente e a venda poderá progredir.

DANDO SUGESTÕES

Haverá ocasiões em que caberá ao vendedor fazer com que a venda avance. Para muitos clientes, uma compra significa assumir risco e/ou fazer algo de forma diferente. Isso pode ser um tanto oprimente. Afora tudo isso, os clientes raramente sabem qual é o "próximo passo" apropriado. Normalmente, eles precisarão daquela mão amiga para tranquilizá-los e orientá-los no processo. Em outras palavras, você precisa tornar o mais fácil possível para eles comprarem.

Não existem técnicas astutas necessárias para fazer com que o processo avance. Tudo o que é preciso fazer é dar sugestões. Por exemplo:

"Posso lhe sugerir marcarmos uma data para nos reunirmos?"

"O que eu normalmente sugeriria, nesta situação, é que você experimente o sistema por um mês e veja como vão as coisas."

"O que eu sugiro é você fazer um pedido inicial de 50 unidades e depois podemos partir desse ponto." Ou

"O que eu sugiro é que eu trabalhe por seis dias com você e então poderemos ver em que pé estamos."

Caso não tenha certeza do que sugerir e sinta que é momento de avançar, você poderia perguntar ao cliente:

"O que você acha que poderíamos fazer em seguida?" Ou

"Para onde devemos ir a partir deste ponto?"

Ao responder, o cliente normalmente se comprometerá. Caso não o faça, você poderá sugerir um "próximo passo" apropriado. Por exemplo, o cliente poderia dizer:

"Nesse estágio, precisaria discutir todos esses pontos com meu sócio."

Sua resposta seria do tipo:

"Entendo. Posso lhe sugerir que marquemos um horário para que todos nós discutamos isso juntos?"

COMPREENDENDO OS SINAIS DE COMPRA

Existirá um momento oportuno durante uma conversa, para dar sugestões a fim de que o processo de venda avance. O *timing* irá variar dependendo do cliente. O cliente lhe indicará se é chegado esse momento através de sinais de compra. Pelo fato de existirem medos e riscos envolvidos em uma compra, os sinais de compra talvez sejam o indicador mais forte de um cliente que ele está disposto a avançar na negociação. Se você deixar escapar tais sinais e, portanto, não der sugestões no momento certo, talvez você perca a oportunidade por *over-selling*.

Over-selling é quando você fala demais. É quando você apresenta ideias em demasia durante uma conversa e seu cliente passa de uma situação onde está pronto para fazer o próximo compromisso para uma sensação de incerteza. Ou seja, o humor do cliente muda, passando de entusiasmado para uma sensação de estar sendo oprimido. *Over-selling* normalmente levará um cliente a sentir que precisa de mais tempo para refletir sobre a compra. Portanto, é importante não complicar a questão e dar sugestões quando o cliente estiver dando sinais de compra.

Os clientes transmitirão esses sinais de várias formas diferentes. Eles poderiam perguntar:

- Qual a forma de pagamento.
- Qual o prazo de entrega ou sobre outras questões relacionadas a prazos.
- Qual será o próximo passo.

Todos estes são sinais de compra. Alternativamente, outro forte indício de que um cliente está pronto para comprar seria ele começar a manifestar suas preferências. Por exemplo:

"Gostaríamos dele no seguinte tamanho..."

"Precisaríamos dele na cor..." Ou

"Precisaríamos de entregas às sextas-feiras..."

Outros sinais de compra poderiam ser mais sutis. Entre eles temos um cliente se entusiasmar, o que poderia ser percebido pelo seu tom de voz ou mudança de comportamento ou então pelo fato de se tornarem mais participativos no processo.

COMPROMISSO QUANTO A UM ACORDO

Uma vez que você tenha dado uma sugestão e tenha sido feito um compromisso, é importante sintetizar os principais aspectos do acordo.

> Bem, apenas confirmando, emitiremos uma fatura na segunda-feira e a mercadoria será despachada na quinta-feira. Você deve receber o produto logo no início da próxima semana..."

É importante que você faça um resumo dos principais aspectos de um acordo. Primeiramente, é muito confortador para seu cliente. Em segundo lugar, garante que todas as partes estão totalmente convictas sobre aquilo que foi acordado. Possibilita que quaisquer discrepâncias sejam resolvidas imediatamente. No processo de preparo para um acordo, certos aspectos podem se tornar confusos. Entretanto, uma carta confirmando detalhes incorretos poucos dias depois de uma reunião pode resultar na perda da confiança e no cancelamento antes de uma relação comercial nem mesmo começar. Sintetizar o acordo no momento em que um compromisso está sendo assumido pode evitar problemas futuros.

Follow-up – Continuando a Relação 16

Definimos vendas como a apresentação de possibilidades e a solução de problemas. Em última instância, trata-se de ajudar pessoas. Dessa forma, é uma situação em que todos saem ganhando. Ao ajudarmos outras pessoas, estamos nos ajudando. Somente estaremos em condições de ajudar outras pessoas se desenvolvermos relações. As relações não são cultivadas em um único telefonema, carta, reunião ou compra. Elas crescem com o tempo e através de empenho.

Seja com amigos, a família ou a esposa, temos que cultivar as relações para que elas prosperem. Não é diferente nos negócios. As relações não acontecem simplesmente; elas precisam ser trabalhadas. Fazer *follow-up* contínuo com clientes potenciais, existentes e inativos é uma parte essencial do processo de venda.

No início desse processo, é importante fazer *follow-up* com o cliente, criando a oportunidade para uma série de pontos de contato. Por pontos de contato queremos dizer os contatos que mantemos com alguém. Quanto mais familiarizada uma pessoa estiver com você, mais à vontade provavelmente ela estará. Quanto mais à vontade ela estiver, maior a possibilidade de que parte dos riscos da compra se atenuem. Isso torna mais provável que a pessoa efetuará uma compra.

Por exemplo, apresentamos a seguir um processo de venda onde existem cinco pontos de contato:

1 Um telefonema no qual é marcada uma reunião.
2 Uma reunião na qual fica acordado que será enviada uma proposta e será feito uma ligação de *follow-up*.
3 A proposta é enviada.

4   Na ligação de *follow-up*, combina-se uma segunda reunião.
5   Nesta segunda reunião, é tomada uma decisão quanto à compra ou não.

Seguindo o mesmo processo genérico, poderíamos aumentar o número de pontos de contato que temos com um cliente:

1   Um telefonema no qual é marcada uma reunião.
2   É enviado um *e-mail* para confirmar esta reunião.
3   Uma reunião em que fica acordado que será envida uma proposta e será feita uma ligação de *follow-up*.
4   É enviado um *e-mail* para expressar o quão agradável foi a reunião e confirmar que será enviada uma proposta em breve.
5   A proposta é enviada.
6   Na ligação de *follow-up*, combina-se uma segunda reunião.
7   É enviado um *e-mail* para confirmar tal reunião.
8   Nesta segunda reunião, é tomada uma decisão quanto à compra ou não.

Neste segundo cenário, criamos oito pontos de contato com o cliente potencial em vez de apenas cinco. Foi possível fazermos isso sem, a qualquer momento, ficarmos importunando nosso cliente ou parecer que estamos todo o tempo em cima. Quanto maior o número de contatos que tivermos com um cliente, mais familiarizado conosco ele se torna; mais à vontade ele se sentirá e maior a possibilidade de desenvolvimento de uma relação.

Longe de aumentar o número de pontos de contato que se tem com um cliente potencial, muitas possíveis vendas são perdidas porque simplesmente as pessoas deixam de fazer *follow-up*. Parece patente que não se deve ter uma reunião ou enviar uma proposta e depois ficar esperando o cliente entrar em contato. O receio que um cliente tem em relação a uma compra, que normalmente é mais fácil eles não fazerem nada, do que progredir nas negociações. Portanto, a menos que seja uma emergência, é pouco provável que o cliente ligará para você, muito embora ele possa ser receptivo quando você retomar contato com ele. Além disso, para que um cliente queira fazer negócio com você, ele tem que acreditar que você cumprirá suas promessas. Parte disso é saber que nos preocupamos com o cliente. Deixar de fazer *follow-up* demonstra uma certa indiferença, o que nos transforma em um parceiro pouco atrativo.

DESENVOLVIMENTO DE RELAÇÕES

Ser bem-sucedido em vendas diz respeito ao desenvolvimento de relações. Isso significa que qualquer atividade de *marketing* que faça com que você mantenha contato com clientes potenciais não deve ser desperdiçada.

Não importa se o contato é por telefone, em um evento para estabelecimento de contatos, ou se são os clientes que o procuram. Deve-se fazer *follow-up* com todas as pessoas e toda relação potencial deve ser cultivada e desenvolvida. Algumas dessas pessoas poderão fazer uma compra relativamente rápido, outras a farão dois anos mais tarde. Outra porcentagem talvez jamais compre, porém poderia lhe recomendar para pessoas que comprarão. Seja lá qual for a categoria em que elas caiam, ao fazermos *follow-up* via *e-mail*, telefone, em eventos ou através da organização de encontros, as relações, uma vez iniciadas, devem ser cultivadas.

Obviamente, são necessárias duas pessoas no mínimo para se estabelecer uma relação. Se uma pessoa deixar claro que não está interessado em desenvolver uma relação, ao não responder seus *e-mails* ou outros contatos que você faça, não há sentido em perder seu tempo. Entretanto, quando as pessoas se sentem felizes por continuar um diálogo com você, este fato é precioso e deve ser valorizado.

Desta maneira, as atividades de *marketing* rendem dividendos, mas somente depois de um longo período. Por exemplo, muitas pessoas enviam uma mala direta e recebem algumas respostas. Destas, elas poderão conseguir um pedido. Com o tempo, esquece das outras respostas. A parte mais difícil e onerosa do processo de venda é entrar no raio de ação do radar de alguém e estabelecer um diálogo com essa pessoa. Uma vez conseguido isso, é insensato deixar o contato desaparecer.

Se tivermos um processo robusto, será mantido um diálogo com outros que responderam, mas que não compraram. Isso poderia ser feito via *e-mail* uma vez por trimestre enviando-se uma carta ou então dando um telefonema. Vale a pena manter contato com essas pessoas mesmo que não precisem de seu produto ou serviço no momento. Elas podem vir a usar seus produtos ou serviços no futuro ou então trocarem de fornecedor caso tenham uma nova necessidade. Permanecer em contato, por si só, ajuda a criar confiança. A confiança que isso proporciona significa que, mesmo que ela jamais venha a usar seu produto ou serviço, ainda assim ela poderá recomendá-los a outras pessoas. Manter e desenvolver relações irá gerar oportunidades que, de outra forma, seriam perdidas.

VALOR CONTRIBUTIVO

Algumas vezes, quando se mantém contato, pode ser que seja possível contribuir com algo que valha a pena, como uma informação útil. Quem sabe você poderia dar a uma pessoa uma dica que provavelmente será benéfica. Caso tenha lido um artigo de interesse, envie-o para ela ou então um *e-mail* com o *link*. Pode ser que então surja uma oportunidade de indicar alguma empresa para ela. Existirão ocasiões onde será apropriado enviar a ela um cupom de desconto ou uma oferta especial de seus produtos ou serviços. Seja enviando um *e-mail* ou telefonando, apenas para saber como a pessoa está, normalmente será bem-vindo, pois a maioria das pessoas não se importa com esse tipo de *follow-up*.

Indicar empresas para outros e repassar informações úteis é de um valor inestimável, pois você verá que muitos dos seus contatos retribuirão o favor. Portanto, a partir dessas atividades, você adquirirá conhecimentos importantes e conseguirá interessantes oportunidades de negócios. De fato, é impressionante o número de negócios que podem ser gerados através da manutenção contínua de relações que muitos deixaram escapar.

- **Nunca é demais conhecer uma nova pessoa.**
- **Nenhuma empresa vai à falência pelo simples fato de as pessoas que lá trabalham terem desenvolvido um número muito grande de relações.**
- **As relações são absolutamente vitais. Elas são a alma de qualquer negócio.**

- **Fundamentalmente, todo negócio se resume às relações que se tem.**

Todo negócio é conquistado através de uma relação. Além disso, quando a concorrência reduz seus preços ou instiga ofertas especiais para atrair seu cliente, será a força da relação que impedirá que ele o abandone.

PÓS-VENDA

Uma vez concretizada uma venda, o *follow-up* é essencial. Se a relação é mais importante do que a transação, não é possível ignorar a relação assim que a transação tiver sido concluída. Ao contrário, deve-se desenvolver ainda mais a relação. Fazer o *follow-up* após um cliente ter feito uma compra irá demonstrar que você se preocupa com ele. Supondo-se que o cliente esteja satisfeito com a aquisição, ele ficará maravilhado em saber que você está preocupado que isso tenha realmente acontecido. Se, por outro lado, existir algum problema, você poderá tratá-lo imediatamente e impedir que ele se alastre. Algumas vezes um cliente pode ter um problema sobre o qual ele não fala com você, mas o confidencia a amigos e colegas, manchando sua reputação. Um simples *follow-up* impediria que tudo isso acontecesse, além de lhe dar uma oportunidade de remediar a situação.

Se você tiver apenas alguns clientes, a atividade de *follow-up* será fácil. Talvez em uma organização maior seja preciso ter gerentes de conta para permanecer em contato com os clientes. Mesmo com milhares de clientes, a tecnologia moderna possibilita a implantação de processos automáticos onde *software* intuitivo é capaz de rastrear as compras que as pessoas fizeram e enviar a elas ofertas e informações relevantes.

MANTENDO CONTATO

Em última instância, precisamos nos manter em contato com todo mundo: clientes existentes, ex-clientes e aqueles que podem vir a se tornar clientes no futuro. Há um grande valor nos contatos que fazemos. Porém, pelo fato de as pessoas não armazenarem esses contatos em um banco de dados apropriado e não fazerem *follow-up* de forma diligente, elas estão literalmente jogando dinheiro pela janela.

> - Para quantos clientes inativos você telefonou ou escreveu e que, possivelmente, poderiam se tornar clientes novamente?
> - Quantos clientes atuais serão mantidos e comprarão mais caso você apenas mantenha contato com eles ocasionalmente?
> - Quantas recomendações ou indicações de clientes você está desperdiçando porque simplesmente você sumiu e como diz o ditado: "longe dos olhos, longe do coração".
> - Quantos contatos você teve ao longo dos últimos dois ou três anos que, se você simplesmente tivesse ficado em contato, também o recomendariam a outras pessoas ou, finalmente, também se tornaria um cliente?

O fato é que o custo para se conquistar um cliente vem aumentando continuamente. Portanto, para ser o mais lucrativo possível, é preciso aumentar o número de contatos e de relações.

Para poder fazer isso de forma eficaz, é preciso ter uma preocupação genuína com as relações e agregar valor a elas quando possível. As pessoas não devem apenas ouvir de você quando estiver tentando vender algo a elas. Através do cultivo das relações, você construirá um negócio sólido. Isso porque você irá cultivar uma clientela e lista de contatos fiéis que não irão mudar prontamente de empresa, procurando seus concorrentes.

Epílogo

SEUS 12 PRIMEIROS PASSOS PARA A *TERAPIA DE VENDAS*®

- Terapia de Vendas® é uma filosofia.
- É uma abordagem às vendas, em um mundo onde as relações **devem ter** precedência.
- É uma maneira de ser comercialmente bem-sucedido, trabalhando, ao mesmo tempo, com os mais elevados padrões de moralidade e integridade.
- É **"conquistar clientes pelo fato de se preocupar com eles"**.

Este livro é o início de uma jornada. Não importa se você trabalha sozinho ou se emprega muitas pessoas; é o princípio da construção de uma organização focada em vendas, isto é, uma organização construída de uma forma a atrair negócios e ficar mais bem posicionada para a sua conquista. Obviamente, isso é fundamental.

- Toda organização é uma organização de vendas.
- Sem vendas não há clientes.
- Sem clientes, não há negócios.

A jornada não será fácil. Se fosse, todo mundo seria bem-sucedido, o que certamente não é o caso. Ao embarcar nesta jornada, vale a pena lembrar algo que Winston Churchill disse uma vez:

"O successo não é final, falhar não é fatal; a coragem de continuar é o que conta."

Talvez a parte mais difícil de embarcar em uma nova aventura seja seu início. Portanto, fiz uma lista com os 12 primeiros passos para ajudá-lo nesse percurso.

Há mais material de apoio disponível e será um privilégio compartilhar sua experiência.

Visite o site www.salestherapy.com para ter acesso a uma infinidade de materiais e ideias para tornar o processo mais fácil.

Os seus 12 primeiros passos:
1   Certifique-se de que sua mensagem de vendas é bem clara e entenda as motivações de seu cliente. Para poder fazer isso, você precisa elaborar um Problem Map™. Pergunte a si mesmo que problemas você resolve e quais são as consequências causadas por esses problemas.
2   Identifique quem são seus clientes-chave. Isso é feito analisando-se o Problem Map™ e perguntando a si mesmo quem provavelmente tem esses problemas e quais são os grupos secundários que também poderiam ser afetados.
3   Crie Problem Maps™ adicionais para quaisquer tipos específicos de clientes ou situações que você tenha estabelecido.
4   Responda à pergunta-chave: "Por que sou o único a solucionar o problema?" Examine:
    - o mercado – o que os outros estão fazendo;
    - você mesmo – o que você faz e qualquer conhecimento particular relevante que você possua; e
    - seus clientes – existem tipos particulares de cliente ou áreas geográficas particulares onde você poderia oferecer algo especial?
5   Avalie seu produto ou serviço em relação aos possíveis riscos para seu cliente. Leve em conta o seguinte:
    - custo;
    - condições necessárias para garantir que a sua solução funcione; e
    - a reputação do seu cliente e o que outros, ao seu redor, podem pensar.

    Tendo avaliado esses riscos, crie condições que tranquilizem o seu cliente.

6   Decida sobre seu ESP. Pergunte a si mesmo:
    • O que os problemas emocionais que você resolve significam em termos emocionais?
    • Que tipo de emoções você quer que seu cliente experimente?
7   Meça o seu ESP em relação a tudo o que você faz, por exemplo:
    • seu logotipo e as cores de sua empresa;
    • a maneira como você e seus funcionários se vestem;
    • o atendimento que seus clientes recebem; e
    • seus materiais como *sites Web*, folhetos etc.
8   Examine seus objetivos financeiros e sua clientela, e decida quais são as suas metas de vendas para o ano.
9   Determine os caminhos para o mercado que utilizará. Lembre-se de adotar uma abordagem integrada.
10 Elabore uma narrativa cativante.
11 Identifique os pequenos passos e compromissos que os clientes podem dar e assumir em suas jornadas para passarem de *prospect* para cliente efetivo.
12 Saia em campo, utilizando as técnicas apresentadas nesse livro.

Esses 12 passos são meras sugestões para você começar. Eles são o início de um processo contínuo. Não existe nenhuma panaceia para se alcançar o sucesso. Trata-se de uma série de etapas que, se cumpridas, o colocarão mais próximo do objetivo.

Índice Remissivo

apresentação de possibilidades 82-3, 101
   abraçando novas ideias 34-6
   criando problemas 36-7
   encontrando a solução apropriada 36
   falando 164, 165
   fundamental para vendas 30-1
   recomendações 32-3
   resposta passiva 31, 32
   resposta proativa 31-2
argumento de vendas emocional (ESP) 83-4
   garantindo consistência no uso de 85-7
   mantendo os concorrentes distantes 84-5

brainstorming 60, 86

caminhos para o mercado
   alianças 105
   artigos promocionais 109
   concorrentes e promoções 105
   distribuição de folhetos de porta em porta 106
   e-mail marketing 106-7
   escolha 103
   escrevendo artigos 112
   estratégia para 103-4
   falar em público 110
   feiras 107
   indicações 110
   mala direta 105-6
   marketing viral 110
   networking 108-9
   podcasts e blogues 109
   propaganda 104-5
   publicidade boca a boca 111
   relações públicas 109-10
   telemarketing 110
   Web marketing 110-11
clientes 12-3
   agindo em nome dos interesses dos 39-41
   assumindo o controle 119-24
   comprando apropriadamente 33
   entendo as motivações primárias 47
   envolvimento dos 151-3
   envolvimento emocional 98-9
   expectativas 155
   levantamento dos perfis dos 95-7
   medo de errar 115-7

persuadir/ser persuadido 24-5
público-alvo 96, 98
reação à venda de benefícios 49-50
reclamações 21
sentindo-se à vontade 117-8
tirando da zona de conforto 33-5
trabalhando junto com 165-7
compromissos 184
   acordo 192
   pequenas etapas 189
concorrência 12, 13-4, 51, 52, 84, 96, 99, 100, 105, 107, 141, 177
confiança 23, 39-40, 83, 85-6, 111, 139, 142, 148, 154, 153, 187, 196
conquistando negócios 187-8
construção de relações 14, 15-16, 40, 69
   continuando a relação 193-5
   desenvolvimento de relações 195-6
   mantendo contato 197-8
   pós-vendas 197
   valor contributivo 196-7
criação de oportunidades *vide* criando um fluxo contínuo de oportunidades
criando problemas 36-8
criando um fluxo contínuo de oportunidades 89-90
   identificação de prospects 96
   passando de prospects para clientes potenciais 99-101
   responsabilidade por 90-2
   envolvimento de toda a empresa 91-2

entendendo os números relativos às vendas 92-5
   perfis de clientes 95-7
   contar histórias 97-8
   envolvimento dos clientes 97-9
   emoções 98-9
critérios de compra 153-4
   barreiras à compra 153
   considerações emocionais 153-4
   expectativas do cliente 152
   pessoas envolvidas 151-2

departamentos de *marketing* 47, 90
desenvolvendo a conversação 59-60
efeito desodorante 68-70
eficaz em termos de custos 78-9
empatia 150-3
empowerment 150-3
   controle com o cliente 121-3
   entendendo riscos 118-9
   fazendo com que o cliente se sinta à vontade 117-8
   importância do 119-21
   medos de rejeição do vendedor 113
   medos do comprador 114-7
evitar perdas 42-5

falar 163-4
   agregar valor 164-5
   compreendendo os sinais de compra 191-2
   compromissos 184,189,192
   conquistando negócios 187-9

contando a sua história/desenvolvendo uma narrativa 177-80
dando sugestões 190-1
dar sugestões 167
explicar tudo 171-2

fechamento 9, 11, 39, 120, 183
  mitos 184-7
  período limitado 186
  persistência e pressão 185, 187
  trabalhando junto com o cliente 165-7
  transmitindo tranquilidade através da compreensão dos riscos 170-1

internet 13, 90

lugares-comuns 48-9

Mapas de benefícios, 65-6
marketing, *veja também* caminhos para o mercado
medos de errar 114
  de desapontar 115
  de mudança 115-7
  de ser ridicularizado ou criticado 115
  pagar caro demais 115
mis-selling/over-selling 15, 21, 49, 89
modelo transacional
  antítese da Terapia de Vendas® 38-40
  dar em troca de dinheiro 20-23
  defasado 9-10, 14-5
  definições em dicionários 20-5
  falta de integridade 37
  forçar para "fechar o negócio" 38-9
  número limitado de soluções 20-3
  perpetuação do 19
  persuadir ou influenciar 23-5
  valor agregado 20
motivação
  prazer ou dor 41-2
  do comprador 41-5
  evitar perdas 42-5
  primária 42-5
mudança operacional 16-7

não vender para os clientes, mas sim junto com os clientes 81-2
necessidades 47-8
números relativos às vendas 92-5

objeções *vide* preocupações/objeções
organização de vendas 135-6

perguntas
  algo mais? 160-1
  clareza ao usar Problem Maps™ 146-53
  falácia das perguntas abertas e fechadas 143-5
  importância de parafrasear 159-60
  jamais pressuponha 158-9
  obtendo respostas para as perguntas feitas 146-7
  ouvindo 161-2
  problemas e soluções 143-152
  relação médico-paciente 137-43
  úteis 157-58

preocupações/objeções
    antecipando-se a 177-8
    entendendo 173-5
    impedindo 175-7
    individuais 126-7
    lidando com 179-81
    usando testemunhos 182
Problem Maps™ 60-1
    agregando valor 63, 77
    aspectos emocionais 63
    clareza na mensagem de vendas 70
    comparados ao brainstorming 61
    criação de 61-4
    exemplos 62, 64
    múltiplos 63-4
    perguntas abertas e fechadas 146-53
    processo de compras 128-9
    público-alvo 96
    solução de problemas 112
processo de compra
    análise dos riscos 129
    atitude diante de riscos 125-26
    entendendo o 125-36, 191-2
    exemplo 128
    organização de vendas 135-6
    pessoas envolvidas no 125, 126
    preocupações individuais 126-7
    unidade de tomada de decisão 130-5
público-alvo 39, 40, 88, 96, 98

rede de contatos 83
relação médico-paciente 39, 40, 137-43, 163-4
relações públicas 108-9

veja também caminhos para o mercado
reputação 14-5
risco
    análise de 129
    aversão ao 43
    mudança de percepção de 79-80
    eliminação de 79
    atitude diante de 125-6
    compreendendo 118-9, 170-1
    avaliação 55-7
    potencial 78-9

situação ganhar ou perder 20-1
solução de problemas 27-9, 112
    compras por impulso 30
    eficaz em termos de custos 77-8
    emocionais ou práticos 28
    exemplo 29-30
    problemas implícitos e explícitos 66, 67-9
    riscos envolvidos 55-7
    status e aspiração 30
    tomada de decisão 56
    valor agregado 57-8

Terapia de Vendas®
    definições 27, 31
    dando maior poder e autonomia ao cliente 29
    os 12 primeiros passos 199-201
    ajudando as pessoas 28, 37, 38-9
    fazendo com que o cliente se sinta à vontade 117
    solução de problemas 27-30
    reclamações dos clientes 21

contar histórias 15, 97-8, 160, 167-70
antítese do modelo transacional 37-8
baseada na relação 81-2
nova abordagem 10-1
apresentação de possibilidades 30-1
pequenas empresas 11-2
testemunhos 182

unidade de tomada de decisão (DMU) 130-1
  composição da 131-3
  departamento de compras 132
  guardiões 132-3
  influenciadores 132
  tomador de decisão tradicional 131-2
  trabalhando com 133-5
  usuários 133
Unique Selling Proposition (USP)
  acesso a informações 72

foco 76
uso incorreto da 71
copiando 71-2
fazer uma pergunta melhor 72-6

valor agregado 56-7
  falar 164-5
valor emocional 80-2
valor emocional 80-2
  emoções 28, 36, 156-7
valor
  quantificação dos riscos 78-80
  eficaz em termos de custos 77-8
  emocional 80-1
  visão mais ampla 81-3
venda de benefícios
  benefícios a favor de quem? 45-8
  criação de objeções 49-50
  lugares-comuns 50-1
  não funciona 45-53
  tornando tudo idêntico 51-3

GRÁFICA PAYM
Tel. (011) 4392-3344
paym@terra.com.br